LOS CINCO PRINCIPIOS DE TODO

ISBN 978-0-9853276-1-3

Publicado en los Estados Unidos por "Five Birds Industries," Laguna Woods, California.

Las opiniones expresadas en este libro son exclusivamente las del autor y sus diversos colaboradores.

Publicado en los Estados Unidos de América.

Five Birds Publishing
603-G Avenida Sevilla
Laguna Woods, CA 92637

2011
Primera Edición

Los Cinco Principios de Todo

por

Gordon Richiusa

AGRADECIMIENTOS

Quiero agradecer a Dennis Mulkey, Jenny Garbus y María Arvelo por ayudarme a preparar el proyecto final del manuscrito *original*, y Alfred Urquidez y Edward Tao por sus esfuerzos para traducir éste libro al español y chino (respectivamente). Algunas de las obras de arte originales, por ejemplo, la imagen del cuervo y el águila volando juntos, así como el halcón y los retratos de buitres, fueron producidos por Darlene Marcos, como pinturas murales. Todas las fotos originales fueron tomadas y / o modeladas por Gordon, Travis o Bárbara Richiusa. En este libro hay artículos adicionales, conferencias y resúmenes que han sido aportados por los admirados y reconocidos como expertos en sus diferentes ámbitos. Estos colaboradores incluyen (en orden alfabético): María Arvelo, Renee Baribeau, Russ Buchanan, Rick Burgin, Frank Dux, Steve Galvanoni, John Gates, Lisa Gates, John Harrison, Jhoon Rhee, Bárbara Rich, Dana Stamos, Edward Tao, Alfred Urquidez, Ralph Villani, y Brian Wallace. Esta nota especial de agradecimiento no es suficiente para expresar mi profunda gratitud a todos estos contribuyentes. Son estas las contribuciones que realmente hacen este libro valioso.

Diseño de la portada: Jessie Horsting
Fotógrafo de la contraportada: Travis Richiusa
Traductor español: Julio Duarte

Gordon Richiusa

TABLA DE CONTENIDO

UNA OPINIÓN INTRODUCTORIA

Los seres humanos buscan patrones en las cosas. Esto es un hecho que es aceptado por los científicos que estudian estas cosas. Buscamos patrones como una manera de tratar dar sentido a nuestras vidas. El deseo de buscar soluciones a los problemas mediante la búsqueda de una conexión entre las cosas, en cierto sentido es, nuestro ADN. Esta fuerza impulsora en nuestra humanidad a veces nos hace mirar *e incluso nos hace creer que hemos encontrado* patrones donde no hay. Sin embargo, por lo general, si encontramos patrones y otros encuentran los mismos (aunque fuéramos los primeros en notarlos), entonces a eso le llamamos creando consenso o acuerdo de reconocimiento y nosotros determinamos si el patrón es válido o verdadero. De estos acuerdos buscamos las formas de mejorar nuestras vidas individuales. Hacer las cosas mejor es también algo que parece estar arraigado en nuestro ADN. Por último, mientras que los seres humanos se dirigen hacia la invención, cuando nueva información es agregada a cualquier ecuación, nuestro punto de vista o perspectiva es legítimamente alterado. Cuando las condiciones cambian lo suficiente como para justificar un ajuste, los seres humanos son también grandes re-inventores. En este primer párrafo, contextualizo los cinco principios de todo y demuestro el formato de este libro.

Este libro ha crecido del original, a petición de los estudiantes de los conceptos básicos. En otras palabras, el patrón fue construido sobre el fundamento del consenso. Originalmente, yo presenté Los Cinco Principios de Todo como mi plano personal para la vida (Voy a volver a esa imagen general más adelante) que he desarrollado en el curso de mi estudio de las artes marciales.

En el transcurso de los años, he usado muchos sombreros figurativos. He sido maestro, padre, esposo, amigo, enemigo, consejero, propietario de empresa, y escritor independiente. De hecho, algunos de mis primeros trabajos fueron en el área de la escritura y edición. Yo era un miembro del personal, en la versión original de la Revista STAR, publicación de Peterson en Sunset Blvd. en Hollywood. Yo también era todo el personal de editores y escritores para Publicaciones Asociadas del Valle, en la que realicé la función de editor, diseñador, escritor titular y periodista (utilizando un número de seudónimos).

Para parafrasear al personaje de Dustin Hoffman en la película, ***Little Big Man*** (Pequeño Gran Hombre) "*entonces vino mi período de salvavidas*." Como un nadador bastante bueno, que tuvo la buena fortuna de crecer en el sur de California con una piscina en el patio de mis padres, tomé el paso lógico de aplicar para la posición de Salvavidas del Condado cuando yo era un adolescente. Pasé la prueba, pero nunca fui contratado para el puesto, porque conseguí un trabajo cómodo de Salvavidas en el Sportsman Lodge en North Hollywood.

Raramente había más de una persona en la piscina a la vez, pero estoy orgulloso de decir que en mis muchos años de ser salvavidas, sólo tuve un incidente en el que tuve que entrar en el agua.

Debido a que un trabajo de salvavidas me llevó a otro (y yo estaba siempre en busca de trabajos en el que podía irme a la hora de salida y enfocar mi atención en obtener un título o estudiar las artes marciales) terminé tomando una posición en un hogar para niños con trastornos emocionales en Lake View Terrace, California. Fue en este trabajo que empecé a aplicar lógicamente los principios que más tarde se convertirían en mis *Cinco Principios de Chi.* Me pareció, en ese momento, que un buen salvavidas era alguien que nunca tuvo que poner su propia vida en peligro para proteger a otros. Mi preocupación principal era la prevención de situaciones peligrosas. Por ejemplo, me aseguré de que todos los que entraban en la piscina que yo estaba vigilando, sabían nadar. Si no podían entonces se les requería tomar clases de natación (que yo impartía). Incluso organicé al personal para aprender la seguridad dentro del agua y les enseñe clases de salvavidas aprobadas por la Cruz Roja. Nunca está de más tener ayuda en todo lo que hacemos, y cuando los padres de casa (así era como se le llamaba a los consejeros que vivían allí) traían veinte niños emocionalmente perturbados con ellos a la piscina, esto hacía mi trabajo más fácil si también eran portadores de la tarjeta de salvavidas. Eventualmente, la temporada para nadar terminó y yo mismo me convertí en un padre de casa y luego asistente de supervisor de una unidad de vivienda donde se me pidió que "pusiera el ejemplo" para el resto del personal. Por alguna razón, el trabajo me atrajo y me llevó a trabajar en las instalaciones cerradas (Psiquiatría en Van Nuys y la Clínica de Salud Mental en Tarzana, por nombrar dos) y eventualmente, llegar a ser un profesor y luego Coordinador de Currículo en las cárceles del Condado de Los Ángeles, durante veinte años.

Mi carrera académica realmente fue lanzada detrás de las barras en las cárceles del Condado de Los Ángeles, a pesar de que ya ha-bía trabajado por varios años en el distrito Escolar Unificado de Los Ángeles y en escuelas privadas como sustituto.

Durante la preparación de este período de mi vida, obtuve una Maestría en Artes, en Literatura de Inglés y Lenguaje en la Universidad Estatal de California, en Northridge (siempre estaba aprendiendo) y adquirí una credencial de enseñanza en California, al mismo tiempo aprendiendo y practicando las artes marciales. Recientemente, fui incluido en el Salón de la Fama de Maestros de Artes Marciales, y recibí un Premio de Trayectoria de Vida, pero eso está un poco adelantado a esta introducción.

Puede ser que yo no lo haya entendido plenamente en ese momento, pero mi éxito en varias áreas se debió principalmente al hecho de que yo estaba aplicando los principios de las artes marciales en cualquier meta que yo mismo me proponía alcanzar, como la realización de mi tesis de Maestría en Artes al analizar las obras de Carlos Castañeda, de un punto de vista literario. También apliqué los mismos principios cuando escribía los artículos de las revistas y periódicos, o trabajando en una cárcel o un hospital psiquiátrico, creando y dirigiendo una corporación sin fines de lucro o incluso cuando yo estaba aprendiendo a lanzarme al agua más rápido que mis competidores.

Más tarde, me di cuenta de que cinco principios básicos me habían guiado (así como a muchos otros antes que yo) y desarrollé *Go-Tao-Chi* o Cinco Principios de Chi, que he usado para enseñar mi Sistema de las Cinco Aves. Desde entonces, he utilizado estos mismos principios para todo lo que hago.

El sistema de las Cinco Aves fue desarrollado por primera vez como un método de enseñanza de los conceptos de las artes marciales, sin importar el "estilo" de las artes marciales que uno ha favorecido. Siempre me ha molestado que dentro del área donde un "propósito superior" estaba en el centro, hubiera un sinnúmero de luchas internas y descrédito. Decidí alejarme de los conflictos de cientos de años, enfocándome en los lugares donde los estilos están de acuerdo. Así es como en el Sistema de las Cinco Aves, los conceptos se convirtieron en el punto primordial del entrenamiento. Mi objetivo no era solamente enseñar a la gente a dar golpes y patadas, sino también utilizar sus conocimientos y habilidades, para ser mejores personas y eventualmente llegar a ser buenos maestros de los conceptos de las artes marciales utilizando sus propios esfuerzos. Eso no es una meta poco común para un profesor de artes marciales y se supone que esté al centro de TODO el entrenamiento de las artes marciales.

Donde yo difiero sin embargo, es que la mía es una forma que comienza con el estudiante. Mi objetivo como profesor es buscar formas de hacer las lecciones que tengo que enseñar útiles para el estudiante. Yo creo que el valor de cualquier lección se define con precisión y que cada alumno es único. Por lo tanto, cada estudiante debe percibir y encontrar valor en los conceptos de su propia perspectiva individual. Por esta razón, yo requería que los candidatos de cinturón negro, trajeran su visión única a la escuela, contribuyendo en lo que llamamos una *habilidad especial*. Una habilidad especial se define como algo que *no* se le enseña a cada estudiante, pero es una que ellos *aportan* al arte. Era mi manera de ayudarles a ver que lo que estaban estudiando se relacionaba a lo que otros perciben como intereses externos. He tenido estudiantes que utilizaron la enseñanza como su habilidad especial, o meditando, o programación de computadora, o esquiando en la nieve, o andando en bicicleta, o buceando, o las prácticas curativas, o entrenamiento de trauma, o la colección de plantas comestibles, o cualquier variedad de profesiones y ocupaciones. En muchos casos, una habilidad especial ha dirigido a un estudiante a aceptar esto, como su profesión elegida. Por ejemplo, muchos de mis estudiantes se han convertido en maestros, médicos, administradores, etc. después de haber elegido una "habilidad especial" que se relacionaba con su ocupación futura. En todos los casos, traté de encontrar la distancia más corta entre los dos puntos que deseaban aprender y lo que yo tenía que enseñar. Mi estilo de enseñanza era tratar de destilar lecciones dentro de su esencia y hacer una conexión rápida en tantos niveles como fuera posible. Por lo tanto, no importa qué tema estoy enseñando, yo siempre le pregunto al estudiante, ***"¿Qué es lo que usted necesita lograr?"***

Debido a una visión amplia y sin restricciones, aprendí a aplicar lo que yo llamo, un *método de saturación* de la enseñanza. Así llamé esta técnica después de observar a mis maestros de artes marciales, tales como Bob Ozman, Mike Eaves, Frank Dux (y otros). En este método, los conceptos que toco abarcan una gran cantidad de disciplinas y acondicionamiento físico, y ahora me *es- fuerzo a "enseñar a la persona en su totalidad" cada lección.*

En mi sistema de Las Cinco Aves yo uso el símbolo del águila, el halcón, el buitre, el cuervo y el búho para representar a muchos diferentes conceptos, incluyendo **1)** cinco estrategias básicas, **2)** cinco estilos de combate, **3)** los cinco poderes, y **4)** los cinco objetivos esenciales de un guerrero.

Yo no elegí estos conceptos - o las aves que se encuentran representada en mi jerarquía - de la nada (perdón por el trabalenguas), pero fui testigo de estas cinco aves volando juntas (en el aire) durante una ceremonia en la que yo forme parte hace muchos años. Yo fui dirigido por mis profesores para usar la visión de estas cinco aves, como una especie de enfoque para encontrar el camino de mi propia vida. Esto parecía un buen modelo como cualquier otro, y he tratado de permanecer fiel a este consejo.

Ahora me doy cuenta, a través de prueba y error (una de las grandes estrategias de la vida de todos los tiempos) que el patrón establecido por el conocimiento momentáneo que yo llamo Los Cinco Principios de Todo, están en el centro del entrenamiento de la mayoría de las artes marciales, pero más que eso están al centro de TODO el entrenamiento que yo haya recibido alguna vez. En otras palabras, mis maestros sólo hacían lo que habían aprendido de sus maestros, y así sucesivamente.

Otra lección que los artistas marciales utilizan a menudo, y que ha sido evidente en el estudio de todo lo demás es, que al observar la naturaleza podemos aprender sobre nosotros mismos. Así, que cuando observaba las cinco aves, vi que cada una puede enseñarnos algo diferente, pero cada una (aunque única), también realiza la simple pero maravillosa tarea de volar. Mis cinco aves son diferentes, pero en otras palabras, porque son todas aves de presa tienen similitudes. También mis maestros me mostraron que el concepto que ellos enseñaban (y las razones por las que practicábamos) no estaba separado de la naturaleza, sino era parte de ella. En otras palabras, todo el mundo parecía estar siguiendo reglas similares y patrones que eran admirables senderos a seguir. Eventualmente, entendí lo que mis maestros estaban tratando de decirme. Estos patrones que estaban siendo revelados a mí por medio de una mecánica estilizada, y un proceso natural intuitivo, eran no sólo un plano que tenía que seguir, o que la naturaleza seguía, sino también los principios que el Universo parecía seguir.

Los cinco principios que desarrollé inicialmente se relacionaban con el movimiento del cuerpo y se limitaban a simplificar el estudio de las artes marciales, enfocándose en la relación entre los movimientos y las posturas, o "la relación entre el final y los puntos de partida." Al igual que con la acupuntura, el acu-presión o una serie de rituales o comportamientos espirituales, las Cinco Aves de las Artes Marciales son realizadas de una manera específica para lograr beneficios específicos y no específicos. Esto también es verdad de Los Cinco Principios de Todo.

En este libro, vamos a discutir cómo estos principios pueden ser aplicados a *su* habilidad especial. Vamos a empezar diciéndole acerca de los cinco principios básicos, que en general le da ejemplos de cómo se pueden aplicar a prácticamente casi todos sus esfuerzos. De la salud, a los negocios, a la política, a las interacciones sociales, a cualquier deporte, profesión o sistema de creencias Los Cinco Principios son los principios de TODO, debido a que compartimos un acuerdo acerca de ellos. Una gran cantidad de contribuyentes y yo le mostraremos como estos principios pueden ser aplicados a los temas restringidos, como la escritura, expresión oral, lectura, la enseñanza, correr, hacer dieta, los negocios, la natación o defensa propia o temas generales como el gobierno, relaciones humana, la salud, la economía o la recuperación de una lesión y enfermedad. A menudo, tratando de aclarar nuestros puntos de vista, regresaremos a las artes marciales, porque es allí donde encuentro mis ejemplos más conocidos. Yo tuve un administrador académico que me sugirió que debería "perder la relación a las artes marciales" al tratar de explicar el valor de los Cinco Principios. Yo no estoy de acuerdo.

Buenos maestros de artes marciales - Mis contribuyentes y yo hemos encontrado - son algunos de los mejores en el área de la educación, porque comienzan de la premisa de que lo que enseñan tiene aplicaciones más allá de puñetazos y patadas. Debo añadir que yo hago esta declaración como una persona que es conocida tanto por sus habilidades en la enseñanza, o habilidades en la escritura, como por sus habilidades en las artes marciales.

Piénselo. Si usted puede enseñar a la gente acerca de la vida, sobre cómo ser mejores personas, sobre el lugar de la disciplina, la práctica o perspectiva en lograr una vida feliz o sobre la compasión, honestidad, y la verdad mientras que los hace físicamente más sanos, entonces tal vez usted *¡ha aprendido algo de valor!*

Por lo tanto, me limitaré a la premisa que lo que presento aquí es comúnmente entendido en la mayoría de las prácticas de artes marciales. Es donde me enteré por primera vez lo común que eran los conceptos, y por lo tanto, yo reconozco la enseñanza de las artes marciales como la puerta, que ha revelado la aplicación de estos principios a todos mis otros intereses. Más tarde, en los artículos y resúmenes de expertos en muchas otras áreas (algunos de estos expertos son también artistas marciales, en primer lugar, tal como yo soy) tendrá la oportunidad de mirar a la simple premisa de mi tesis, desde múltiples perspectivas.

Para comenzar adecuadamente y simplemente, déjeme decir que *en el lenguaje de las artes marciales, decimos que Go-Tao-Chi (un lujoso término que idee para Los Cinco Principios de Todo) se concentra principalmente en la relación entre la Mente, el Cuerpo y el Espíritu ... o, si prefiere el Conocimiento, la Acción y lo Desconocido.* En muchas líneas formales de pensamientos una "trinidad" de estos últimos tres poderes está al centro de la filosofía.

En estos mismos ámbitos, el número cinco es también muy significativo. Creo que el número cinco se piensa que es importante, debido en parte a los trabajos del universo y en parte porque los seres humanos poseen sus propias formas presumidas de ver las cosas. Después de todo, TENEMOS cinco dedos en cada mano y cinco sentidos, ¿no es así? Esto DEBE ser importante, ¿verdad?

Anteriormente, debido a que yo estaba más interesado en las artes marciales, yo usé palabras con las cuales mis estudiantes estaban relacionados. Por ejemplo, la palabra *Chi* en el sentido más amplio incluye una comprensión de la traducción al japonés de la palabra *Ki*. Esta palabra tiene significados múltiples, entre ellos, *energía, fuerza vital, el espíritu, o "El Gran Final"* (como generalmente es traducido en la forma de ejercicio de Tai Chi) entre otras cosas. En estos días he cambiado mi enfoque para difundir una red de perspectiva más amplia de las enseñanzas. Cada vez más aplico los Cinco Principios al tema de comunicación, a medida que aprendo más sobre el poder de las palabras.

Recientemente, publiqué una novela titulada, *SHIDOSHI: Las Cuatro Formas del Cadáver*. Se trata de una novela de suspenso que está basada en un argumento antiguo derivado de diversas traducciones a la primera palabra del título. En la novela de ficción, yo hago referencia a los Cinco Principios y concluyo que la corrupción, los conflictos y el peligro en el centro del suspenso, son todos el resultado de no seguir los Cinco Principios. Una vez más, ya que mi público se compone principalmente de artistas marciales, he usado la frase, Go-Tao-Chi para describir lo que estaba haciendo. Este es un término que idee de dos idiomas separados (japonés y chino). En el idioma japonés la palabra *Go* significa "duro" y el número "cinco." En el idioma Chino, *Tao* significa, en un sentido, la forma, o bien, define un conjunto de circunstancias, para alcanzar ciertas metas. Chi es también un término Chino que representa "la fuerza de la vida," "energía" o "espíritu." Así que lo que se pretende como una traducción *completamente incluida* Go-Tao-Chi significa, *Los Cinco Principios de Chi*, o *Los Principios Duros de Chi*.

Desafortunadamente, debido a mis diversas aplicaciones de estos principios, la interpretación original era demasiado estrecha para la mayoría de la gente, porque la mayoría no están interesados en convertirse en maestros de artes marciales. Sin embargo, si ampliamos el alcance de nuestras observaciones (como por ejemplo, aprendiendo acerca de Las Cinco Aves, en lugar de una sola) nos damos cuenta de que la verdadera prueba de estos principios es su versatilidad. Se supone que son aplicables a todo, y pretenden ser el mismo conjunto de reglas que sigue el Universo. Si no se pueden aplicar a todo, entonces tal vez no son aplicables a cualquier cosa. Esa es la belleza de este sistema. Todo se reduce a la observancia de Los Cinco Principios, y ***el punto de partida es el consenso***, basado en la perspectiva del espectador.

Los Cinco Principios de Todo son los siguientes: 1) *El Principio del Conocimiento Aplicado,* ***2)*** *El Principio de Fluir, Acción o Movimiento,* ***3)*** *El Principio de la Forma,* ***4)*** *El Principio del Beneficio y* ***5)*** *El Principio de la Armonía, Balance o Adaptabilidad.*

Siendo capaz de "poner las cosas en perspectiva" o "ver un patrón," parece que nos da una sensación de calma. Atención a estos cinco principios, yo creo que también permitirá un sentido de bienestar en cualquier profesión donde estos principios se practican y se aplican. Al final del libro original de Go-Tao-Chi, yo ofrecí ejercicios para practicar Las Cinco Aves del Tai Chi, así como breve descripciones de cómo estos ejercicios se utilizan en varias otras de mis habilidades especiales, ejercicios establecidos o formas profesionales (correr, escalar, nadar, escribir y en la enseñanza).

Como una introducción a la sección de artículos de esta edición, Edward Tao (escritor y ex-estudiante mío) ha añadido un comentario sobre cómo los principios se aplican al tenis, así como la forma en que él interpreta los principios en la traducción al idioma Chino. En cada resumen y artículo (incluyendo los de maestros de artes marciales) estamos tratando de mostrar la diversidad de los conceptos y simplemente dan estos ejemplos porque son áreas donde el escritor individual tiene su experiencia personal.

Quiero dejar esto muy claro. ***Ningún libro o escritura nunca puede ser un sustituto de la experiencia personal.*** Nosotros no estamos ofreciendo estos principios como LOS ÚNICOS por los cuales funciona el Universo. Ellos son simplemente patrones que parecen ser visibles por todos, y no nos oponemos a cualquier otra perspectiva, orientación, punto de vista o grupo, a menos que el punto de vista o grupo busque activamente de limitar la investigación, honesta e individual.

Incluso dentro del ámbito *limitado* de entrenamiento de artes marciales, Go-Tao-Chi NO debería ser considerado una disciplina en sí mismo. Yo enseñé Ninjitsu (una ciencia marcial que se enseña a los que ansían el título de ninja) de Frank Dux. Mucha gente fue atrapada argumentando sobre la validez de Ninjitsu, porque erróneamente creyeron que se enseñaba como un estilo particular, con un número limitado de técnicas. Ese no es el caso. El ninja utilizó cualquier técnica que funcionó y se adaptó al practicante individual. Así es como he desarrollado Las Cinco Aves de las Artes Marciales, como Frank Dux desarrolló su programa de FASST (véase el apéndice al final de este libro) y cómo enseño y hago todo hoy. La aplicación práctica de los principios está en el centro de toda estrategia de éxito y la razón, porque muchos de los contribuyentes han solicitado ser parte de este libro.

Los Cinco Principios de Todo debe pensarse como nada más que una copia de un dibujo arquitectónico para el comportamiento en general. Sin embargo, no debemos basarnos en connotaciones cuando la denotación es la meta. Por ejemplo, en un nivel exclusivamente físico las posturas de Tai Chi y atención a los movimientos relajantes (incluidos en el libro original) fueron destinadas para ayudar al practicante a aflojar las articulaciones y reducir la tensión, mientras que los tendones se fortalecen y se tonifican los músculos. Esto fue visto como un beneficio adicional a los conceptos y una manera para mí de comunicar el mensaje (ya que necesitaba practicar el Tai Chi para poder moverme adecuadamente). Por esta razón, yo usé el Tai Chi, y la Forma Yang Long como base.

Sin embargo, el Go-Tao-Chi (o Las Cinco Aves Tai Chi o Poder Tai Chi, como a veces se le llama) NO es realmente Tai Chi, por un par de razones. En primer lugar, el Tai Chi adecuado sólo puede ser considerado en el contexto cultural e histórico en el que fue creado. Fue concebido en China por individuos específicos y dejado como herencia en un contexto familiar. En mi caso por ejemplo, aprendí los ejercicios que los miembros de la Familia Yang habían desarrollado y transmitieron de generación en generación.

También aprendí OTRAS técnicas que incorporé en mis entrenamientos.

Lo que aprendí del tai chi fue en el contexto de una imagen más grande. Nunca fue la ÚNICA imagen y gran parte de lo que un estudiante de Tai Chi aprende y practica, yo simplemente no sé nada al respecto. El mensaje importante es: *La perspectiva es todo*.

En segundo lugar, mi Go-Tao-Chi se concentra en los dos extremos del espectro de energía (relajación total y tensión total). Mi preocupación no es sólo el *hacer*, sino también el *conocimiento* del proceso. A menudo yo enseño ejercicios que NO son parte de cualquier clase de Tai Chi formal, a veces probando la memoria de un ejemplo en particular de una clase a la otra, porque prestar atención al instructor es lo que estoy tratando de hacer hincapié en ese día en particular. Yo hago lo mismo en una clase de escritura.

Finalmente, ya que los fundamentos filosóficos de Go-Tao-Chi *son* Los Cinco Principios de Todo nuestros objetivos son similares. Nos esforzamos, en ambos, por una *condición física* total con todas las perspectivas a través de la unidad. Dado que, al final, cuando enseño las Artes Marciales de las Cinco Aves o Tai Chi de Las Cinco Aves, a menudo me muevo del concepto general del Taoísmo y el Zen para hacer puntos sobre conceptos que estoy más interesado, no me siento cómodo afirmando la enseñanza del Tai Chi.

Por otro lado, debemos comenzar por alguna parte, y por lo general la gente tiene una idea de lo que ellos creen es el Tai Chi. Por lo tanto, yo uso ese término o algún otro similar (tal como La Meditación del Viaje) para presentar los cinco principios de un lugar familiar, en el contexto en el que yo deseo aplicarlo.

Con esto dicho, debo añadir que muchos de mis talleres y clases hacen énfasis en la salud física como una forma de entender algo que se llama ***condición física total.*** Esto puede ser comparado a un fundamento correcto, acoplado con un pensamiento correcto y una acción correcta. Sin embargo, hay un primordial principio físico de Go-Tao-Chi y es: *Para mejores resultados, todos los movimientos son de relajamiento y la tensión, sólo se realiza en puntos correctamente alineados y estacionarios.* Esto se deriva del concepto de que cada acción, pensamiento o fuerza impulsora debe tener un propósito. En el caso de Los Cinco Principios, nos preguntamos: *"¿Qué es lo que usted está tratando de lograr?"* Algunas personas responderían, "consciente de sí mismo," o "bienestar" o "mejor salud" o incluso "defensa personal." Por último, creemos que tener una idea clara de lo que usted está tratando de lograr es importante para el éxito. Por lo tanto, la similitud de mis movimientos a los del Tai Chi y el uso de posturas y movimientos Tai Chi en la descripción práctica de los conceptos. Sin embargo, no se confunda en creer que estos conceptos no pueden ser aplicados a sus específicos intereses personales. Ese es todo el punto de la creación de este libro. Todos los contribuyentes y yo creemos que estos cinco principios pueden aplicarse a cualquier esfuerzo. Es todo una cuestión de énfasis y perspectiva. Por lo tanto, a menudo nos referimos a una disciplina en particular que absorbe nuestra atención como "una meditación." ¿Qué estamos tratando de lograr con esta nomenclatura? La respuesta es la *brevedad.*

¿Qué hace que algo sea una meditación o un arte? En el sentido más amplio, los movimientos de meditación pueden ser CUALQUIER acción donde el objetivo es la condición física total y donde el método de saturación positiva se utiliza al nivel de la memoria del cuerpo. En toda disciplina nuestro objetivo es tomar grandes cantidades de información o grandes conceptos y reducirlos en trozos pequeños. Por cierto, ha habido algunos libros elementales de estrategia muy influyentes en el pasado, que ahora se utilizan para el comportamiento de la vida. *El Libro de los Cinco Anillos* de Miyamoto Musashi, *El Arte de la Guerra* de Sun Tzu, son dos ejemplos que hablan de luchas de "vida o muerte" ilustrando la relación de todas las profesiones y todas las estructuras sociales a la idea de un conflicto. Estos dos ejemplos también utilizan el número cinco como un dispositivo de memoria para sus principios básicos. El objetivo de enseñar a la persona en su totalidad (el individuo) una cosa específica (respondiendo a una pregunta), que le permita coexistir en un grupo (comprendiendo la motivación, la perspectiva y el contexto) también parece ser importante. Para nosotros, está en el centro, y por esa razón rara vez justificamos un ejercicio con validez por parte de la autoridad. Eso significa, que nuestro sistema de enseñanza no es basado en lo que un maestro en particular o experto dijo o lo que alguien nos dijo. El verdadero significado del concepto se debe sentir o experimentar como una verdad intuitiva redescubierta, para que sea de algún valor real. Nuestras acciones y pensamientos son dirigidas, desde y para las células del cuerpo, y hacia y desde los sistemas que controlan la forma en que funciona el organismo.

Nuestros objetivos en este libro son básicamente muy simples. En algún nivel, concentrándose en Los Cinco Principios de Todo debería ayudar al individuo, a experimentar directamente su validez. Todas las lecciones están enfocadas a ese objetivo.

Sea cual sea el tema que estoy enseñando, si me doy cuenta de que no estoy dejando mi punto de vista en una clase, yo cambio la lección, no al estudiante. De esta manera, el producto crece de forma natural a partir del proceso de creación. En otras palabras, los conceptos del estudiante de sus metas individuales esperando a que se unan con las metas del profesor en algún momento. Es la sutil diferencia entre ser un buen padre y tener la habilidad de procrear. O, en términos de artes marciales es la diferencia entre ser un cinturón negro y un *sensei* (la palabra en japonés que significa maestro venerado).

Como dije anteriormente que Los Cinco Principios de Todo son como un plano arquitectónico, debido a las similitudes (y diferencias) que dicho plano tiene al producto terminado. Si alguna vez ha tenido la experiencia de construir una casa de un plano arquitectónico, o conoce a alguien que lo ha hecho, usted sabe que este documento se trata de dos cosas, "impresiones generales" de como la casa se verá, así como los *requisitos* estructurales formales. Podemos cambiar los tipos de puertas, los colores de las pinturas y texturas de las cortinas, etc. Incluso podemos mover las paredes en torno para hacer las habitaciones más grandes o más pequeñas, o alterar su forma. Sin embargo, si no nos adherimos a los requisitos básicos y los códigos de construcción necesarios para construir una estructura sólida, corremos el riesgo que el techo se caiga sobre nuestras cabezas, el piso se agriete o las ventanas y puertas no cierren correctamente.

Por otro lado, el plano de una casa NO es la casa en sí. Simplemente ofrece información importante sobre la construcción y la terminación exitosa del proyecto. Por extensión lógica, una casa no es necesariamente una casa hasta que se le ha dado el "toque personal." Toda persona que vive en la casa va a determinar CÓMO se utiliza el espacio, ¡independientemente de si han visto o no el plano arquitectónico!

En mis clases de escritura les digo a mis alumnos que el propósito principal de escribir, hablar o leer es el mismo. El objetivo es la comunicación. Cuando escribimos (leemos o hablamos) una frase, un párrafo, tesis, discurso, guión o un poema, estamos tratando de decir algo (la voz) a alguien (la audiencia). Hay un sinnúmero de maneras diferentes para lograr este objetivo básico. Existen muchas motivaciones para la comunicación (desde transmitir una opinión a formar una, de dar información a ocultarla). La forma que elegimos para revelar u ocultar, es en sí mismo comunicar algo. Todas las formas de comunicación tienen algunas cosas en común. Por ejemplo, una frase, un párrafo, una historia o un relato, todos han establecido requisitos, y técnicas sugeridas que están basadas en sus similitudes y las nuestras. Por ejemplo, en inglés todas tienen un principio, un medio y un final.

Teniendo esto en mente, deseamos enfatizar que NO hay maestros de Los Cinco Principios de Todo, no cinturones negros, no doctorados, porque aunque se piense que Los Cinco Principios pueden ser un plano arquitectónico, nunca serán las casas. Cada individuo y la "meditación individual, la disciplina o perspectiva" es el lugar donde los principios moran. Al igual que con cualquier arte, "la verdad y la belleza están en el ojo del espectador." Cada persona, dueño de su propio dominio, decide cómo utilizar las herramientas disponibles para ellos.

El estudio y la contemplación de estos cinco principios universales forma (y se derivan de) una Filosofía de Condición Física Total, que se esfuerza por encontrar un terreno común entre todas las disciplinas. Es por eso que (a medida que avanzamos) usted leerá como Los Cinco Principios pueden aplicarse a un número de ejercicios de otros tipos, las filosofías, programas de auto-conciencia, regímenes físico, negocios empresariales, puntos de vista políticos y cursos de estudio académicos.

El método principal que utilizo para enseñar este sistema se llama *Concepto de Entrenamiento*. En el Concepto de Entrenamiento tratamos de tomar ideas complicadas y simplificarlas concentrándonos en las similitudes en lugar de las diferencias, así como la comprensión, la relación y el sentimiento son preceptos primarios para una vida exitosa. En mis clases de artes marciales, por ejemplo, he creado "mapas" o imágenes de movimientos complicados (como el mapa de pasos de un bailarín). En mis clases de escritura trato de poner lecciones complejas en una sola página, llamadas Cápsulas en las que ideas complicadas o lecciones más largas se reducen a la forma más básica. Durante muchos años he estado pidiendo a mis estudiantes de escritura (y artes marciales) a resumir sus "reglas de vida" o "las lecciones más importantes que han aprendido." Mis estudiantes de artes marciales conocen esto como parte del proceso de "recapitulación" donde, para su examen de cinturón negro se les pide tratar de recordar "todo momento significativo" y lección a lo largo de sus vidas, que los llevó hasta el momento en que sintieron que querían tomar el examen. Yo obtuve este término de los escritos de Carlos Castañeda, quien dijo que lo aprendió de un Indio Yaqui que era brujo, llamado Don Juan Matus. De todos modos, he encontrado que el proceso es una buena manera de organizar y encapsular cada momento como una experiencia de aprendizaje.

En mi página sitio-web, Visión-Revisión (y en muchas otras localidades), he publicado los video clips de los líderes y maestros de diversas disciplinas, llamado "Mensaje en una Botella." Estos mensajes son videos de aproximadamente dos minutos de duración, donde muchas celebridades hacen un "resumen" de lo que ellos sienten es una lección esencial que los ha formado y moldeado. En todos los casos, las Cápsulas, Mensajes y Reglas son un punto de encuentro para clarificar conceptos complicados, pero importantes, como "Conócete a Ti Mismo." Las investigaciones recientes sobre el funcionamiento del cerebro revelan lo importante que son nuestras ideas preconcebidas en aprender nuevo material. En otras palabras, si esperamos aprender nuevas y valiosas cosas, por lo general, aprendemos nuevas y valiosas cosas, pero aún esta habilidad de optimismo debe a veces ser aprendida.

Además, todos los practicantes de artes marciales comienzan su entrenamiento con una creencia de que existe una estrecha relación entre nuestro ser físico y el no físico. La implicación por supuesto, es que hay una parte oculta de nosotros "allá afuera" que puede ser experimentada por la parte física, y que hay dos partes en cada persona. Sin embargo, en términos generales, sólo sentimos estas dos partes de nosotros mismos que están separadas, hasta que logramos cierto nivel de conciencia en uno u otro nivel, entonces se pueden integrar estas "partes" en el concepto de la totalidad.

Por lo tanto, en las artes marciales, los movimientos del cuerpo son enseñados al mismo tiempo que los conceptos, en la creencia de que mientras estas dos partes de nuestra existencia son de alguna forma separada, la atención adecuada dada a una, beneficiará la otra.

En la comunicación decimos que cuando uno aprende a leer mejor, esa habilidad le ayudará en su escritura y al hablar, y viceversa, y así sucesivamente.

Es mi experiencia que la forma más fácil de hacer la conexión entre una idea y lo que se siente, es reduciendo todo, a cinco conceptos básicos. ***Los Cinco Principios de Todo nos ayudan a coordinar lo que sentimos, pensamos, creemos y sabemos, con lo que hacemos.***

Una nota introductoria final: Este libro no pretende contener TODO lo que se puede decir o pensar en los temas que se utilizan para la ilustración, o incluso el concepto de los Cinco Principios. Originalmente, mi libro de filosofía de las artes marciales fue escrito como un poema, y pretende *ser una forma* de reforzar lo que se enseña en una clase o en un vídeo para la autodefensa sobre el tema de ***evitar conflictos***. Yo quería dar a mis estudiantes una manera de reforzar lo aprendido en la clase y la oportunidad de utilizar la belleza y el poder de las palabras como un estímulo para una reflexión sincera y darme a mí mismo una excusa para escribir.

El propósito de este libro (y el tamaño del libro) ha crecido con las peticiones. Por lo tanto, lo que usted ve ahora es mucho más elaborado que el primer Cinco Aves de las Artes Marciales que se les dio a los estudiantes, pero es cierto que los ejemplos son siempre los que tienen que ver con MI PERSPECTIVA INDIVIDUAL e intereses. Soy un profesor / escritor / artista de artes marciales, así que naturalmente la ciencia de educación, la filosofía de las interacciones sociales y el conocimiento del poder de las palabras son siempre primordial en mis ejemplos. Por lo tanto, mientras este libro sigue representando mis mejores intereses, se ha convertido en una fuente de interés y valor para otros que buscan organizar su propia Habilidad Estratégica de Vida.

Recuerde, la mayoría de las lecciones que yo aplico aquí me fueron dadas cuando era un joven estudiante, e ignoradas hasta el momento en que yo necesite la información. Toda la idea de "formación de conceptos" y Revisiones de Cápsula e incluso ponerlo todo en los compartimentos de los Cinco Principios se produjo a causa de mis propias fuerzas y debilidades. Por ejemplo, yo tuve un accidente automovilístico que me causó una conmoción cerebral con lesiones en el cuello y la columna vertebral. Estas me causaron olvidar gran parte de mi entrenamiento, impidiéndome la realización de movimientos que en algún momento, pensé yo, fueron el pináculo del entrenamiento. Yo también soy un disléxico que aprendió a leer y amar las palabras de acuerdo a mi propia metodología. Los "mapas" y "cápsulas," eran los que necesitaba para volver a aprender lo que una vez yo tomé en vano.

En resumen, la enseñanza de Los Cinco Principios de Todo se ha desarrollado como yo me he desarrollado en un mejor profesor y alumno, al darme cuenta que ser un verdadero maestro es en sí una "vocación elevada." Una parte importante de ser un maestro en este nivel es que usted entiende que tiene responsabilidades en cada dinámica. Recuerde que todo el mundo puede aprender de cual-quier persona. Para impartir lo que usted sabe "para el beneficio del estudiante," convierte la enseñanza en una aventura mucho más noble, así como, convertirse en un funcionario electo "por el bien del distrito electoral," la política se convierte en la clase de llamado que hombres como John Adams o Thomas Jefferson imaginaron que era. Además, es importante entender *las motivaciones* de aquellos que se convierten en sus estudiantes, sin importar cuán breve un momento de acuerdo pueda abarcar. Aquí hay otra cosa que he aprendido y es muy valiosa: *Algunos estudiantes entienden mejor por medio de la palabra escrita, mientras que otros tienen una tendencia hacia otros modos de aprendizaje.*

Todo buen maestro o alumno sabe que las lecciones se aprenden mejor en niveles múltiples. Una modalidad no sustituye a otra, sino que simplemente la mejora, ofreciendo otra perspectiva. Finalmente, creo que Los Cinco Principios de Todo son representados, en parte, por nuestros comportamientos. Por esta razón, la relación del estudiante y el maestro (o padre e hijo - empleador y empleado - ciudadano y el representante - comerciante y el cliente- proveedor y el beneficiario) es parte del fluir natural de la vida, y también lo son nuestras habilidades de socialización.

Por tanto, aunque los objetivos finales son de naturaleza muy personal, clases en grupo juegan un papel importante. La comunicación y la interacción son las necesidades humanas básicas.

Entre más clases uno asiste, (tanto colectivas como privadas) y seria especulación privada, en la que uno se compromete, ultimadamente producirá una relación especial con los Principios en este libro. Además, no hace daño ofrecer premios e incentivos (apropiados para cada persona) a lo largo del camino. En otras palabras, los tres secretos para hacer Los Cinco Principios de Todo una parte valiosa de su vida específica, son los mismos que para todo lo demás ... Práctica, Práctica y Práctica.

Ahora, vamos a entrar de lleno a los cinco principios y cómo se relacionan entre sí, siguiendo otro consejo que han hecho eco en toda la literatura, “siempre es mejor empezar por el principio.”

"Las Cinco Aves en el Sistema de Las Cinco Aves se identifican como El Águila, El Halcón, El Buitre, El Cuervo y La Lechuza.
Las Cinco Metas de un Guerrero (que estas aves, en parte, representan) son Espíritu, Honor, Coraje, Habilidad y Adaptabilidad. Todas estas aves representan diferentes caminos hacia el mismo lugar. Las observamos, tratando de NO copiar su comportamiento, sino para descubrir que su comportamiento es como el nuestro y que ave, refleja nuestras tendencias naturales." --GFR

Capitulo Uno
EL PRINCIPIO DEL CONOCIMIENTO APLICADO

Una definición simple de este primer principio es: ***La forma en que pensamos y sentimos acerca de algo, afecta los resultados de nuestras acciones.*** Esto puede parecer algo obvio para muchos de ustedes, y eso es bueno. Creemos que la verdad de cualquier tema es a menudo evidente y se puede comprobar intuitivamente. De hecho, una prueba de que algo es realmente beneficioso, es si se puede o no expresar simplemente. ¿De qué sirve una verdad que es tan complicada, que no la podemos comprender ni expresar, y no podemos confiar en nuestros propios sentimientos acerca de su validez?

De hecho, parece que como seres humanos, una de nuestras funciones fundamentales es llegar a ser más conscientes y desenredar los misterios de nuestra conciencia. Si alguien o alguna organización dice que ya tiene la llave del único, verdadero conocimiento de la verdad, o están tratando de guardar secretos o interferir con nuestro deseo natural de saber, entonces, se debería de sospechar de esa organización.

Albert Einstein dijo básicamente que el propósito de toda la ciencia es que nos da un breve vistazo del funcionamiento del universo. La ciencia, el arte y la verdad espiritual (marcial o de otra manera) no se contradicen entre sí. Descubrir la verdad y encontrar respuestas a una serie continua de preguntas es lo que somos.

Los seres humanos están ultimadamente, en sintonía con el hecho de que "la vida tal como la conocemos" está directamente relacionada con el concepto del Conocimiento Aplicado. Exaltamos hechos o datos o habilidades aplicadas al grado de otorgar títulos y empleos bien remunerados a los que "saben" más que otros, o pueden usar sus conocimientos para un fin de beneficio mutuo.

Sin embargo, los hechos no son conocimiento. Nuestra capacidad de *aplicar* lo que hemos aprendido, para demostrar lo que sentimos es verdad y que también forma parte de los elementos básicos del éxito. Por eso es que, El Principio del Conocimiento, se refiere a menudo como *El Principio del Conocimiento Aplicado.*

Este primer principio se deriva de la creencia que el conocimiento, en sus múltiples formas (conocimiento de varias capas), es lo que distingue a los seres humanos de otras criaturas en el planeta Tierra. Nuestra capacidad de percibir el mundo que nos rodea, y darnos cuenta (conscientes de sí mismos y sensibles a nuestro entorno medio ambiente y sistemas relacionados y criaturas) para analizar y pensar creativamente, tener la intención, a la voluntad, para predecir y enfocar nuestra atención, están en el centro de lo que somos.

El conocimiento puede ser considerado como el vehículo y el combustible de nuestra existencia. Puede ser dirigido externamente como también aplicado internamente. El Conocimiento hace que nos preguntemos, ¿qué hay del otro lado de la colina? y luego nos motiva a ir a buscar encima de esa colina el próximo horizonte. Cuando llegamos al lugar a donde nos dirigíamos, nos enfrentaremos a la información recogida a lo largo de nuestro viaje, contra nuestros prejuicios para medir el valor de donde estamos. En la forma de Zen Koan, lo resumo así: *Mire dónde está, vea dónde va y recuerde donde ha estado.*

El conocimiento es un elemento esencial para lograr la felicidad verdadera, ya que la idea de no ser conscientes de que somos felices deja mucho que desear. Podríamos decir, en resumen, que para muchos de nosotros los seres humanos, El Conocimiento es Todo.

Hay, por supuesto, muchos niveles y aplicaciones de este principio. Se podría decir que cosas como pensar, argumentar, orar, desear, preguntar, creer y saber, así como meditar, cuidar, simpatizar, enfatizar, comprender y admirar, son todos niveles del Conocimiento Aplicado.

En lugar de definir las diferencias de cada uno de estos niveles aquí, vamos a enfatizar lo acordado en la "verdad" y decir que cualquier área de la investigación debe comenzar con una aplicación de conocimiento y que los talleres en todas las actividades sean conducidos específicamente para este propósito.

Hay un par de puntos que vale la pena repetir, ya que la capacidad de "cambiar estrategias" o decir lo mismo en varias formas, es una herramienta básica del Concepto de Entrenamiento. Más importante: El Concepto de Entrenamiento surge directamente de la aceptación del Principio del Conocimiento Aplicado.

Mantener la vista en las metas

Este primer principio de todo implica que los seres humanos son motivados por las metas. Crease o no, la gente ha argumentado conmigo acerca de ese punto, y me vi obligado a decirle a ellos, como les digo ahora, ***si usted tiene problema con esa declaración entonces utilizar Los Cinco Principios de Todo no es para usted.***

Por otro lado, si usted puede aceptar que los seres humanos son motivados por las metas, entonces una de las cosas que le ayudará a tener éxito y lograr sus metas es tener una idea clara de lo que usted está tratando de lograr. Mientras más clara sea la imagen que tenemos de lo que queremos lograr, es muy probable que seamos capaces de lograrlo. De hecho, este primer principio es un lugar fácil para revisar si hay defectos en cualquier sistema o creencia. Una de las primeras preguntas que siempre me hago en una sesión de ideas geniales o de consultas es la siguiente: ¿Qué está tratando de lograr? ¿Cuál es su meta? Aun en las etapas iniciales sin límites fijos, proyecto teórico de investigación, donde la información es reunida, pero todavía su importancia no se entiende, siempre hay categorías y métodos para organizar lo que aprendemos. En la escritura y en los negocios, esta etapa se refiere a menudo como un intercambio o lluvia de ideas.

Más adelante vamos a hablar de los otros principios de todo, tales como encontrar la mejor forma de expresión y cómo el concepto de movimiento está arraigado en nuestros sistemas. Sin embargo, dentro de cada uno de estos, es importante recordar que los cinco principios son todos siempre incluidos. Concentrándose SÓLO en un principio o (más seriamente) creyendo que un principio individual es la meta en sí, es un error. Cuando examinamos la fluidez de las formas o el beneficio, también debemos aplicar una actitud correcta. En otras palabras, una interpretación única de un principio puede considerarse "correcto" a menos que no viole ninguno de los otros principios. Por lo tanto, si nuestra meta, por ejemplo, es simplemente para "evitar que alguien más ejercite sus libertades," entonces eso es una violación de los principios básicos. O simplemente, si decidimos que nuestra meta es interferir con la meta de alguien más, entonces eso debe ser una bandera roja, de que los problemas son intrínsecos a nuestra forma. Si el éxito de un departamento depende del fracaso de otro, entonces, el plan de negocio está defectuoso. ¿De acuerdo?

Mantener a la vista nuestra meta es una aplicación del Conocimiento Aplicado que podemos nosotros mismos medir fácilmente. Si estamos dispersos, o si cambiamos de rumbo (desviados, sin un propósito) en el medio de una actividad, puede que nunca lograremos nada, y los logros son a menudo una medida del valor de una vida. Sin embargo, tratando de seguir Los Cinco Principios en todo lo que hacemos, no es una actividad específica. Es más bien una forma de ver lo que hacemos como una manera de encontrar patrones en un comportamiento exitoso, y medir nuestro propio comportamiento contra esos patrones.

El punto de partida en esta búsqueda es el conocimiento que cada persona es única y aprende de manera diferente. Por ejemplo, la gente hace ejercicio (o lo evita), por diferentes razones. Ellos tienen diferentes tipos de cuerpos, puntos fuertes y debilidades. También, una persona puede estudiar artes marciales por una serie de razones, (desde la defensa personal, hasta el conocimiento propio). La propuesta de Los Cinco Principios no sólo respeta al individuo, sino que también pide a la persona que reconozca su unicidad.

Una adherencia a Los Cinco Principios de Todo, ofrece un método para dar un paso atrás, y destilar lo que estamos observando al hacernos una pregunta importante: ¿Cuál es mi meta? o ¿Lo qué estoy haciendo me ayuda a lograr mi meta sin violar los otros principios? Si mantiene esto en mente, entonces usted también puede estar usando Los Cinco Principios para hacer que su profesión o vocación, o cada pensamiento y actividad, se adapte a un proceso humano de meditación (y por lo tanto) natural. Siempre es ejor hacer que "trabaje para nosotros" lo que es natural, en lugar de luchar contra la corriente de nuestras tendencias innatas.

Asumir la Responsabilidad

Asumir la responsabilidad es otro nivel del Conocimiento Aplicado que necesita ser discutido completamente. Cuando aceptamos la responsabilidad de nuestras acciones, nuestras elecciones e incluso nuestros sentimientos, esto añade un nivel de urgencia a nuestras vidas, forzándonos a vivir en el *ahora* de nuestros pensamientos, acciones y emociones. Por esta razón, seguir Los Cinco Principios enaltece el valor del individuo en su relación con el panorama general, y anima a cada persona a buscar patrones que revelan cómo las propias acciones, pensamientos y sentimientos están de acuerdo con lo universal.

Compare aquellos que son negativos *al ejercicio* o a *la dieta*, a aquellos que están completamente sumergidos exactamente en las mismas actividades, pero que han estructurado su forma de pensar, como una experiencia positiva en lugar de una tarea, y usted tendrá la medida con respecto a la ventaja de pensar en términos del Conocimiento Aplicado.

Por ejemplo, hay muchas historias de aquellos que dicen que

odian las matemáticas, la escritura, u odian el ejercicio en general. Así que, en lugar de obligar a un estudiante a realizar tareas específicas - que el alumno podría reconocer que son beneficiosas, pero que aún así el piensa y se siente tan negativamente - un buen maestro tratará de desviar la atención hacia otra actividad que ellos aceptarán con una mejor iluminación. En la jerga de la educación de hoy en día, a esto se le llama "Aprendizaje contextualizado."

Por ejemplo, en vez de correr, un maestro puede llevar a los estudiantes a hacer atletismo, recolectar plantas o hierbas, o instruirlos en la mediación del movimiento (un tema general). A medida que aprenden acerca de diversos animales o plantas silvestres también están siendo enseñados a correr como una forma de meditación, concentrando sus mentes en una serie de tareas relacionadas.

De esta manera, la respiración, la visualización, la posición de las manos, enfocando los ojos, escuchando los sonidos de correr, rastreo por tierra, exploración de oro, o aprendiendo sobre el clima, podría ayudar a enseñar al CUERPO y la MENTE por separado, pero sobre los mismos temas, y sin el peso de la percepción negativa. Hay una cantidad de detalles interesantes a considerar en cada una de estas actividades y conceptos, que uno no se da cuenta del hecho aislado que está corriendo, o tal vez está simplemente caminando, que ambos son de por sí, objetivos muy saludables.

En otras palabras, desde la perspectiva de Cinco Principios nosotros nunca recomendamos a alguien hacer cualquier cosa para hacer *ejercicio.* Sin embargo, a menudo sugerimos que una persona corra (o algo parecido), porque esa es una expresión natural de movimiento y puede ser necesario para la tarea en la que están comprometidos. El ejercicio aeróbico, en un nivel puramente físico, se sabe que es valioso para su estado general de salud. Si su objetivo es un estado general de salud, entonces la actividad aeróbica es un ingrediente importante. Las personas que dicen que odian correr o *no pueden soportar la idea de correr*, por lo general terminan en *atletismo o recolectando plantas* por horas ... cubriendo grandes distancias y haciendo ejercicios aeróbico que necesitan para mantener una buena salud física. Ultimadamente, eso es lo que realmente estamos tratando de lograr. Como llegamos allí, no es importante. La idea de que *sin dolor, no hay ganancia*, es por lo tanto errónea. Sabemos que el conocimiento, si es aplicado correctamente siempre es beneficioso. El dolor, muy bien puede ser una manera para que el cuerpo se proteja a sí mismo de una lesión mayor. El dolor, desde la perspectiva de Los Cinco Principios es el conocimiento que ayuda a evitar más y mayores dolores innecesarios o enfermedades. También es importante no quedar atrapados en una de las sutilezas de una meta general. Para ilustrar esto, vamos a ver el tema general de la Educación. En los tiempos de antes (yo uso ese término con mis estudiantes más jóvenes para definir cualquier momento antes de AHORA, o un tiempo antes de que cualquier individuo se convierte particularmente consciente de sí mismo) solía ser que los estudiantes encontraban profesores quienes podían enseñarles un determinado "sistema o patrón" para que el estudiante pudiera un día utilizar ese conocimiento, o habilidad para integrarse en la sociedad. Algunas personas se convirtieron en académicos, otros trabajadores físicos y dentro de cada uno de estos estratos había varias divisiones, conjuntos de habilidades y especialidades. Si un estudiante encontraba a un maestro que les enseñaba algo que no le fuera de utilidad, ese estudiante encontraba un profesor diferente o se sentía miserable en la etapa de su vida y maldecía la monotonía de su existencia. En todo caso, dentro del concepto general de la educación, el aprendizaje y el estudiante, debe permanecer el enfoque principal. La dinámica de estudiante / maestro era en gran parte el éxito o el fracaso del individuo para alcanzar sus metas. Todos los que tenían una clara comprensión del proceso del aprendizaje y el objetivo máximo de la educación (en general), y se unían a los patrones que se habían establecido por medio del ensayo y el error, fueron los que probablemente se beneficiaron más del sistema.

Hoy en día, escuchamos a muchas personas (individuos, grupos y organizaciones) declarando que son *educadores*, que su objetivo principal es la educación. Tenemos lo federal, estatal, del condado de la ciudad, los reguladores, directivas, zares, los sindicatos y las burocracias, cuyas funciones principales son establecer las medidas y estructuras y reglas para el aprendizaje. No hay nada malo con tener estructuras o reglas, o incluso las burocracias, siempre y cuando puedan responder a las preguntas honestamente, "¿Qué es lo que realmente están tratando de lograr?" y "¿Es la meta consistente con TODOS los Cinco Principios?" Esto significa, que cada sistema matizado, debe ser dirigido hacia el mismo objetivo, si es que son realmente parte de la misma cosa. Por ejemplo, por qué buenas y exitosas estructuras por lo general, tienen una declaración de su misión que es un resumen claro y conciso de donde la organización quiere enfocar su conocimiento.

La verdad es que las personas que son más importantes en la ecuación de "¿cómo podemos cumplir con la educación?" son los propios alumnos, y en un grado ligeramente menor, los profesores. Las Juntas Escolares y los sindicatos, no están fundamentalmente interesados en la educación. Las Juntas Escolares están interesadas en las responsabilidades fiduciarias de funcionamiento de un distrito. Los sindicatos de profesores han sido creados para proteger a los maestros. No hay nada de malo con cualquiera de estos dos grupos o sus metas, pero los miembros de la junta escolar y representantes sindicales no se deben llamar educadores, a menos que todo lo que están haciendo es para ese propósito.

Los maestros y los propios estudiantes son los únicos con prioridad en el proceso educativo. Aún dentro de una sola meta, vemos lo importante que es "mantener la vista en esa meta." Para enseñar o aprender la ciencia, por ejemplo, requiere de ciertas habilidades, herramientas y modos de pensar. No hay que tener en cuenta una vara de medir arbitraria que no tiene nada que ver con un tema en particular de la investigación, debido a una burocracia exterior está tratando de obligar sus metas o incluso el punto de referencia en la ecuación.

En todos los casos, lo que pensamos sobre algo determina, en parte, el resultado que logramos. Hemos oído decir que para lograr, tenemos que concebir y creer. La belleza de probar esta teoría con nuestros propios cuerpos, es que podemos sentir los resultados, así como entenderlos.

En las clases de defensa personal aprendemos varias técnicas que nuestros maestros, una vez aprendieron de sus maestros, o fueron creadas por nuestros maestros basadas en lo que pudieron asimilar de las lecciones de sus maestros. Cada vez que yo observo una clase de artes marciales y oigo a un instructor decir: "Mi maestro lo hacía de esta manera, pero yo lo hago de manera diferente porque..." o decirle a una mujer o a un niño que varíen la técnica, porque tienen diferentes fuerzas y debilidades que un estudiante adulto de sexo masculino, entonces sé que esa lección se basa en un sincero deseo de enseñar y por lo tanto, una comprensión de Los Cinco Principios.

Ese maestro sabe que los objetivos de sus estudiantes, las habilidades o capacidades físicas pueden ser muy diferentes de las del maestro. Algunas personas aprenden artes marciales, no para defenderse o con fines de combate o para ganar títulos o certificados. Algunas personas están tratando de conseguir un buen entrenamiento. Esa es la razón por la cual tenemos el deporte de karate, MMA, estilos tradicionales y estilos de combate que se enseña sólo a la policía y a los militares. Muchas personas comienzan en las clases de artes marciales con sólo una vaga idea de lo que quieren lograr (tienen muchas ideas del concepto de las artes marciales). Todo el mundo está dando puñetazos y patadas por diferentes razones. Muchas escuelas de artes marciales están a cargo por profesores que comienzan ofreciendo lo que ellos creen que es un producto tradicional, pero terminan luchando por mantenerse a flote financieramente, vendiendo otros productos o servicios. Cada uno debería entender "qué es lo que realmente están tratando de lograr" desde un principio y utilizarlo como punto de referencia, procediendo desde allí. Ciertamente, nuestras metas cambian a medida que cambiamos y crecemos. El estudiante de artes marciales po-dría intentar las clases por una razón, pero permanecer en ellas por una razón completamente diferente. Un estudiante en el colegio universitario puede especializarse en un curso de estudio en el comienzo de su carrera académica, pero al final termina por seguir una profesión totalmente diferente. O tal vez, el título o certificado con que termina no tendrá nada que ver con el resto de su vida, aparte de demostrar a los demás (o a sí mismo) que no se rinde fácilmente. Eso es parte del quinto principio de todo que vamos a discutir en una sección más adelante.

Por ahora, digamos que el conocimiento es una vía de doble sentido. Tomamos conciencia y nuestro conocimiento puede ser enfocado para mejorar los resultados. A medida que se familiarice y se relaje con Los Cinco Principios usted también puede probar esto, simplemente concentrando su conocimiento en diferentes partes del cuerpo. Luego, con la práctica, usted será capaz de asociar las diferentes técnicas, métodos, sistemas y aplicaciones con sentimientos generales de bienestar, salud y relajamiento o aumento de energía, o la reducción de dolor. La belleza de esta forma de pensar es que cada uno de nosotros decide. Cada uno de nosotros llega a asumir la responsabilidad.

Confíe En Si mismo

La capacidad de confiar en uno mismo es otro concepto famoso de motivación que en realidad es sólo una variación sutil del principio del Conocimiento Aplicado. Se sabe bien que la duda prácticamente garantiza el fracaso. Cuando juzgamos todo por Los Cinco Principios la experiencia individual (y su interpretación del éxito) es de suma importancia. También es insinuado que la única prueba real de algo de valor es la forma en que se relaciona a la persona. ¡Cuidado con caer en una peligrosa trampa! Una evaluación abierta, honesta y educada es muy diferente que la confianza ciega e ignorante. Hay muchos ejemplos de gurús y otros líderes bien hablados, guiando un gran número de gente por el camino equivocado.

Por ejemplo, yo escribí mi tesis en Maestría en Artes de Literatura Inglés en las obras de Carlos Castañeda. Mi enfoque fue el impacto de su escritura y la belleza de algunos de los conceptos expresados en las obras desde el punto de vista literario.

Muchas personas siguieron las enseñanzas de Castañeda al pie de la letra (según se informa de un maestro anciano llamado Juan Matus, que recibió estas enseñanzas de instructores anteriores, etc.), de un período en la antigüedad con el propósito expreso de permitir que Castañeda y sus asociados cercanos tuvieran suficiente "poder" para romper las cadenas de la humanidad y *desafiar a la muerte*. ¿Suena familiar?

Muchas de las técnicas que Castañeda enseñó fueron contrarias a Los Cinco Principios que estamos discutiendo aquí, y sus seguidores no preguntaron simplemente, "¿Qué estoy tratando de lograr con mi propio comportamiento?" Cuando Carlos Castañeda mu-rió, muchos de sus seguidores quedaron con un sentimiento vacío y de vergüenza basados en la creencia de que habían perdido años de sus vidas siguiendo a un falso profeta. Estas almas tristes rechazaron completamente cualquier verdad que estaba en los libros. Sin embargo, algunos, tomaron lo que era bueno y útil en las enseñanzas de Castañeda y crearon sus propias formas que no violaron ninguno de Los Cinco Principios. En otras palabras, cuando un seguidor se convierte en un maestro y asume la responsabilidad de esa nueva posición, entonces ellos han alcanzado esclarecimiento. Esto por lo general resulta bien para todos, incluyendo y aún más importante los mismos estudiantes.

La Suerte del Principiante

Es probable que haya experimentado Suerte del Principiante en algún momento de su vida. Intenta algo por primera vez y tiene éxito, pero luego, al enterarse más sobre lo realizado, es incapaz de conseguir los mismos resultados. Algunas personas creen que todos los principiantes son solo afortunados, que otros y que el fracaso (con práctica) seguirá inevitablemente. Otros creen que los principiantes a menudo tienen éxito porque confían en sus maestros y por eso no tienen una imagen clara del fracaso. Recuerdo que aprendí a jugar al golf con mi padre a la edad de diez años. Sin ningún tipo de instrucción mi padre puso una bola de golf en el soporte y me dijo que le pegara con el palo de golf que me estaba dando, en dirección a la bandera que yo podía ver en la distancia.

Hice lo indicado y la bola de golf cayó a dos pies cerca de la copa. Cuando entramos al terreno de juego, vi el hoyo donde la bandera estaba colocada y mi padre me dijo que la empujara en el hoyo con otro palo de golf. Lo hice de la manera indicada, sin darme cuenta de que yo acababa de anotar lo que mi padre llamaba "un águila." Su rostro se iluminó, obviamente pensando que tenía un prodigio de golf en sus manos y empezó a enseñarme cómo sujetar el palo de golf (club), la forma de entrelazar los dedos y alinear los pulgares, cómo pararme, cómo sostener mi cabeza, como pegar con el palo de golf en un círculo, etc. Yo no he podido recrear ese éxito inicial, y no disfruto del juego de golf en lo absoluto.

Esa despreocupación inocente, es la estructura del cual todas nuestras acciones deben llevarse a cabo. "Niño es el Padre del Hombre," es una frase judeo-cristiana que se trata de esto. Entendiendo el significado del Conocimiento Aplicado en este sentido, usted está en buen camino de utilizar el Primer Principio de Todo.

Uno de los juegos de artes marciales que yo he creado le llamo, "Atrapar el Conejo." Este divertido ejercicio utiliza varias bolsitas de frijoles que son lanzadas al mismo tiempo y agarradas con ambas manos. Cada bolsa es pesada y llenada de manera diferente. Una tiene frijoles y cinco libras de perdigón de acero. Otra tiene grandes bolas de madera agregadas a los frijoles. La tercera por lo general tiene algún tipo de revestimiento interior que hace que la bolsa "salte" de las manos de uno (por eso el nombre), y así sucesivamente. Mientras que cada bolsa se ve y "suena" igual, cada una debe ser agarrada y lanzada de manera diferente, debido a sus diferencias en peso y relleno. El juego requiere que cada persona ponga atención en lanzar como en agarrar, aplicando igual importancia a cada una, y a los participantes se les dice que en general, uno está aprendiendo a bloquear y golpear con este ejercicio. Los adultos a menudo tienen dudas en cuanto a agarrar una bolsa, mucho menos varias en una rutina constante de lanzar y agarrar, que a todos los que están involucrados le parece que es un equipo de malabarismo. Los niños no dudan en jugar el juego con alegría, pero ambos adultos y niños se ven obligados a triunfar, porque hay muchas bolsas que son lanzadas hacia ellos para concentrarse en fracasar. Lo que NO se les dice es que al mismo tiempo están aprendiendo la diferencia entre el enfoque y la ampliación de su conocimiento. ¿Cómo es comunicado este mensaje? Después de un corto período de éxito, lanzando y agarrando correctamente con las dos manos (algo que la mayoría de los adultos dicen que no pueden hacerlo antes de comenzar) se le pregunta al estudiante: "¿En qué momento usted decide CÓMO va a agarrar cada bolsa?"

Debido a los diferentes pesos y rellenos de las bolsas, deben ser agarradas y lanzadas de manera diferente también. Entonces, ¿cuándo se lleva a cabo esta decisión? La respuesta es: *En el momento del contacto.* La bolsa pesada, llena de perdigón de acero, debe permitírsele que "venga a usted," mientras que el "conejo" debe ser agarrado rápidamente con las yemas de los dedos. Si al conejo se le permite golpear la palma de la mano, este va a saltar y caer al suelo. La bolsa con las bolas de madera gigantes también debe ser tratada diferente, ya que no puede ser agarrada (excepto precisamente en una bola) o dejar que "venga a usted," ya que también saltará de la palma de su mano. Así, mientras que usted está concentrado en lanzar las bolsas con precisión (también diferente con cada bolsa), usted está haciendo decisiones acerca de cómo agarrarlas. Para tener éxito también debe ampliar su conocimiento, tomando en su percepción todas las bolsas, que vienen y van al mismo tiempo (tanto en la mano izquierda como en la derecha), mientras enfoca su conocimiento en cada bolsa individualmente agarrando y lanzando. Es una gran manera de "ver y sentir" cómo, el conocimiento puede ser dirigido internamente y externamente, ampliado y enfocado simultáneamente. Es una de las mejores maneras que he encontrado para enseñar esta lección importante. Todo buen empresario sabe que los detalles y una amplia imagen se deben mantener presente en todo momento para alcanzar el éxito. En la meditación, el conocimiento de este concepto a veces toma años de práctica. Cuando se ha logrado este nivel de conocimiento se dice que han vislumbrado el nirvana.

En apenas unos minutos, a un individuo se le puede también enseñar, a agarrar una de mis bolsas con los ojos vendados. Naturalmente, cuando se le dice a un niño que va a aprender a agarrar una bolsa con los ojos vendados, por lo general se ponen ansiosos por la oportunidad. Los adultos, con ideas preconcebidas de fracaso, son más difíciles de convencer, pero en todas las décadas que he estado enseñando, todavía no he fallado en el primer intento de enseñar a *alguien* cómo realizar esta tarea increíble. Venga a un seminario de los Cinco Principios y uno de mis instructores certificados o yo le mostrará cómo hacerlo.

Una Actitud Positiva

Una actitud positiva es algo con lo que usted pudo haber nacido. Otros deben desarrollarla. Hay numerosos libros y técnicas para aumentar y reforzar una auto-imagen positiva. Independientemente, digamos que usted sienta que ha nacido con una disposición positiva, o simplemente lucha por ésta, el uso de Los Cinco Principios ocurre tanto a nivel externo como interno, y que una actitud positiva es un matiz del Conocimiento Aplicado que sin duda puede ayudar.

Otro punto importante es el siguiente: Los principios se han podido ver trabajar de adentro hacia afuera y de afuera hacia adentro al mismo tiempo. Dese así mismo, por lo menos la oportunidad de desarrollar una actitud positiva, afirmando que existe la posibilidad.

En la mayoría de los programas de doce pasos de recuperación se escucha la frase "espere un milagro." La frase a recordar aquí podría ser: "Comience siempre desde una perspectiva positiva." Los obstáculos siempre se presentan en formas diferentes a diferentes personas, pero enfocarse ÚNICAMENTE en los obstáculos es un callejón sin salida, ya que esto parece ser una violación del principio básico del conocimiento sobre cual operan las fuerzas de la vida.

Cuanto más trabaje de esta manera, cuanto más se beneficiará EN AMBAS DIRECCIONES. Cuanto más se beneficie, menos tendrá que trabajar. Practique todas sus lecciones, como si fueran de suma importancia, con la actitud que se beneficiará y usted se ha situado en el centro del río del éxito. Todo lo que debe hacer ahora es estar atento a los obstáculos y dejar que el río le lleve. Recuerde, se cree que en la forma en que pensamos y resolvemos los problemas, si en efecto resolvemos los problemas, no es sólo una indicación de nuestra humanidad, pero nuestro innato deseo de cooperar según "cómo son las cosas." Cuando un estudiante me pregunta si el futuro será mejor o peor que el presente, yo no vacilo en responder: "!Mejor!" No sólo parece que el optimismo es mejor que el pesimismo, pero la solución de problemas es lo que hacemos como especie humana. En esencia, el deseo de hacer las cosas mejor es instintivo en cada uno de nosotros.

Prestar Atención

En la perspectiva de Los Cinco Principios se supone que existen grados de concentración. Cuanto mejor usted es capaz de concentrarse (en estos días sabemos de otro término presentado por Carlos Castañeda: *Intención*) mayor será el resultado. También creemos que nuestra atención se puede enfocar en partes específicas de nuestro cuerpo, o tareas específicas, de manera que los beneficios puedan ser personalizados, en el sentido, de cumplir con las necesidades del individuo. Estar dispuestos a prestar atención unos a otros, a uno mismo, o en un aspecto estrecho de cualquier sistema, son en sí mismo objetivos valiosos. Todo toma práctica, incluyendo el fracaso. Si practicamos (pensar, actuar o sentir) negativamente, entonces el resultado es probable que sea negativo. Muchos profesores enfatizan la práctica, "a la perfección." Para la mayoría de nosotros, el camino a la perfección a menudo comienza con honestidad, de buena gana y abiertamente, concentrándonos en el punto de partida.

Un ejercicio para experimentar "el conocimiento controlado" o "tomar conciencia de su mente, la conexión de cuerpo y espíritu" es estirar y relajar una parte aislada de su cuerpo ... por ejemplo, una mano. Continúe estirando y relajando esta parte del cuerpo hasta que se canse y comience a sentir un hormigueo o quemazón. De repente, relaje esa parte de su cuerpo y dirija su atención a otra parte ... en este caso, la otra mano. Trate de transferir la sensación que usted tuvo en la mano que estiró, a la otra mano que no ha tenido su atención, con sólo mirarla o concentrándose en ella.

Usted verá que será capaz de duplicar la sensación de hormigueo en la otra parte de su cuerpo, sólo pensando en esta. Más sorprendentemente, la mano que estaba cansada será olvidada, ¡a menudo sintiendo como si no se hubiese movido!

Conocimiento De Sí Mismo y Una Segunda Atención

Los Cinco Principios de Todo parecen tener un propósito en el universo que es paralelo a sus propios cuerpos individuales. Por lo tanto, ambos parecen esforzarse para elevar el conocimiento en más de un nivel. Sin embargo, si tuviéramos que reducir todas las formas a su contrario, tendríamos que decir que nos esforzamos por el conocimiento de sí mismo (la capacidad de enfocar la con-ciencia interna) y un elevado conocimiento del mundo que nos ro- dea (la capacidad de expandir la conciencia externa). Cuando logramos un entendimiento de esta dualidad, llamamos al conocimiento elevado una Segunda Atención, que es una forma totalmente nueva de concentrarse con otro simultáneamente, en más de una tarea o movimiento o concepto, *pero con un propósito común.* El término "segunda atención," se introdujo también en los escritos de Carlos Castañeda, pero él no creo el concepto. En el actual y famoso *Libro de los Cinco Anillos*, de Miyamoto Musashi, aprendemos de un estado de ser que está "Abierto En Todas Las Ocho Esquinas." Musashi fue un maestro de espada Japonés en el siglo 15. Su Libro de Los Cinco Anillos es una lectura primordial para empresarios Americanos de hoy en día, para aprender cómo funciona la mente de un hombre de negocios Japonés. Musashi nos dijo que él enseñó y practicó la lucha con espada, no como una manera de derrotar a un adversario en la batalla, sino para "llegar a ser consciente" de esta nueva forma de ver la vida. Otro texto mar- cial de Okinawa (aproximadamente en el mismo período), conocido como el *Bubishi,* mide el éxito en algo que se conoce como *Mushin*, o sin mente.

Decimos hoy en día que nuestra búsqueda de la esencia indescriptible de la vida, se inicia desde el acto del conocimiento controlado o prestando atención. Musashi hizo hincapié en que lo que aprendió de las luchas con espada de vida y muerte, podría ser aplicado a cualquier esfuerzo. Él quería que sus estudiantes entendieran sólo cinco principios o conceptos. Hizo hincapié en que si uno peleó con una espada, uno debería de ser de una mente singular de que "no hay bloqueos, solo cortes." Para Musashi, era esencial que sus alumnos comprendieran "qué lo que ellos estaban tratando de lograr" era cortar a su adversario. Todo lo que dijo e hizo era para ese propósito. No había ninguna razón para bloquear la espada de su adversario, porque la espada, por sí misma, no era un peligro. La persona que sostenía la espada era el adversario. Por lo tanto, no había ningún movimiento que no estuviese enfocado en cortar a la otra persona.

Musashi también introdujo un concepto completamente nuevo en la cultura Samurái y que consistía en utilizar dos espadas al mismo tiempo. Él creó el estilo de "Niton Ichi Ryu" o "dos espadas como una sola." Mientras que otros Samuráis utilizaban sólo sus catanas para la pelea, y mantenían la espada de suicidio corta, en sus cinturones, Musashi llenó ambas manos con armas para cortar. Su lógica era que, "si tiene dos espadas, debe utilizar las dos espadas." Esta ventaja de 2-a-1 y el enfoque de una mente singular le hizo legendario. El fue supuestamente invencible.

Desde la aceptación del Principio del Conocimiento Aplicado, el conocimiento de sí mismo y los demás, se desarrolla a casi un poder en sí mismo. Aunque el conocimiento NO es realmente un po- der, cualquier conocimiento PUEDE aumentar sus opciones. Usted nunca sabe cuando una información aparentemente insignificante le será útil.

"Para mí es sólo viajar por los caminos que tienen corazón, en cualquier camino que tenga corazón. Ahí yo viajo, y el único desafío que vale la pena es atravesar todo su tramo. Y, viajo, buscando, mirando, sin aliento."

-Don Juan Matus, de Carlos Castañeda

Las enseñanzas de Don Juan

Capitulo Dos

EL PRINCIPIO DE FLUIR
Movimiento o Acción

Una explicación simple de cómo utilizamos este principio es simplemente decir (después de aceptar, la energía existe) esa ener-gía (y todas sus representaciones) se mueve o fluye. Al igual que con todos los principios básicos hay ingeniosos matices de significado, así como numerosas aplicaciones. El Principio de Fluir no es excepción. Con el Principio de Fluir estamos diciendo que, "la energía favorece el movimiento, por lo tanto tome todas las estrategias, planes, ecuaciones y teorías que vale la pena nuestro esfuerzo ... tome (o tenga el conocimiento de esto) el movimiento de algo (aún del tiempo)." Ya que esto se relaciona con el Conocimiento, podemos decir que la información es más valiosa cuando la usamos. Una variación importante sobre este tema se puede ver en las preguntas: "¿Qué nos mueve? ¿Qué motiva nuestras acciones? o ¿Cómo mi estrategia personal puede motivar o incitar las emociones en los demás? Todas estas preguntas las pudo haber hecho Aristóteles, y todavía nosotros las estamos haciendo. ¿Por qué? Es debido a que estas preguntas están basadas en los mismos cinco principios que constituyen el centro del desarrollo humano.

Porque somos humanos, sentimos la necesidad de tratar de establecer un valor prioritario a nuestras acciones. Con el Principio de Fluir, comenzaremos nuestra discusión sobre la aplicación de este conocimiento preguntando primeramente ¿cómo? o ¿por qué ener- gía o fluir. Es importante notar que al responder la pregunta de "¿por qué?" no es esencial para una sensación de satisfacción o felicidad, pero el hacer la pregunta parece ser una parte importante del ser humano, ya que es parte del proceso de reunir información o adquirir conocimiento.

Para comprobar que el Principio de Fluir se aplica a todas las estrategias, tenemos que empezar con la simple aceptación de que el chi, o la energía, o la esencia de nuestra vida (o como usted le desee llamar) en efecto existe.

Algunas personas creen que no podemos demostrar la existencia de una fuerza viva con métodos científicos. Ese no es nuestro propósito principal aquí (es uno de esos caminos secundarios de los que hablamos anteriormente). Sin embargo, creemos que hay muchas pruebas científicas de una energía llamada *chi* por los Chinos, y *ki* por los Japoneses. La prueba, sin embargo, no es importante si no tiene fuerza en la vida de un individuo. Esa es una táctica de debate común, que continúa un argumento que usted siente está perdiendo, a otra cosa que no está relacionada (especial- mente común en el ambiente político de hoy en día). En este caso, no queremos demostrar nada que no sea basado en lo original de que hay principios comunes en todas las exitosas estrategias y sistemas. El que estamos discutiendo aquí, le llamamos El Principio de Fluir.

Si usted no está de acuerdo que está vivo o que todos los ejemplos de energía de que podemos ser testigos (corriente eléctrica, incluso el movimiento dentro de un átomo) tienden a mostrar que el universo está en movimiento, entonces usted probablemente no debería estar aquí. Además, me gustaría decir que, al igual que el conocimiento se puede definir en muchos niveles, el Fluir también puede ser de varias capas. La emoción, por ejemplo, es una palabra que literalmente significa, "En Movimiento." Por lo general, la gente no piensa que sus sentimientos son tangibles NI conmovedores ... pero este aspecto de la humanidad también sigue las mismas reglas básicas del movimiento.

Por lo tanto, procederemos en la suposición de que podemos experimentar la energía (llámelo como quiera) dentro de nuestros propios cuerpos (por lo menos) y que lo que experimentamos de hecho demostrará que FLUYE. Por ahora, vamos a simplificar aún más y digamos, "en el desarrollo de una estrategia de la vida, El Principio de Fluir es todo." Sin embargo, una vez más vamos a mirar a las muchas variaciones y aplicaciones de tonos y añadir que "la velocidad del fluir" es también muy importante.

La famosa ecuación de Albert Einstein $E = MC^2$ - que traducida significa que la Energía se puede convertir en materia física cuando (y si) la masa se mueve a la velocidad de la luz / cuadrado. Esta ecuación mágica (que demuestra que la matemática es nuestro lenguaje común con el universo mismo) básicamente nos muestra que la cantidad de energía que es aparente, está directamente relacionada con la velocidad y el tiempo. Una ilustración menos dramática de esto en nuestro inmediato mundo humano, se puede ver en una bala. Si usted toma un trocito de plomo y lo tira contra algo, es probable que haya pocos resultados. Sin embargo, si usted toma ese mismo trocito de plomo, le pone una carga de pólvora detrás de ella y consigue que se mueva muy rápido ... bueno, usted puede ver la relación. Variando la velocidad del fluir puede cambiar el mismo movimiento básico de una palmadita amorosa, a un golpe agresivo.

Cuando los seres humanos tratan de dar sentido a lo abstracto, a menudo miramos a la Naturaleza o a nuestros propios cuerpos - de la visión concreta y observable -a vislumbrar las verdades óptimas. ¿A dónde más vamos a ir para verificaciones fiables? Por lo tanto, a modo de explicar aun más el Principio de Fluir, vamos a ver el simple acto de respirar. Al principio de este libro citamos un proverbio Zen que dice: *"El Universo respira tanto Fuerte como Suave."* Este proverbio es la base para la práctica de algunos tipos de artes marciales y también por qué el estudio de una sola forma de hacer algo a menudo parece estar ausente. Por ejemplo, Tai Chi hace hincapié en movimientos relajados y lentos.

Permítanme decir que el Tai Chi (una vez más, aquí usted puede introducir CUALQUIER área específica de estudio o disciplina) es TODO LO QUE ALGUNAS PERSONAS NECESITAN para obtener sus objetivos finales o para captar los principios de todo. Sin embargo, yo no soy una de esas personas. Por otro lado, siempre he favorecido un enfoque de múltiples capas. Tal vez sólo soy cabeza dura, pero yo necesito tener mis lecciones en gran escala y en muchos niveles para que yo los entienda.

A veces se necesitan años (o incluso décadas) para que yo pueda darme cuenta de la importancia en el valor de lecciones que se me ofrecen o incluso mis propias palabras. Muchas veces he escuchado a la gente hacer eco de este sentimiento lamentándose, "Ojalá hubiera escuchado a mi propio consejo."

Hemos escuchado el dicho que dice: *"La sabiduría viene con la edad."* Este dicho implica que, con el tiempo, un nivel de comprensión (nuestro objetivo final como seres humanos) se logrará donde estemos satisfechos. Esto también señala el hecho de que una variación de la velocidad, y lo permitido para "reducirla," o incluso cambiando de dirección, puede ser necesario para alcanzar un cierto objetivo.

Me gusta nadar y correr como prácticas meditativas y yo acostumbraba a entrenar (o luchar en falso). Naturalmente, estas actividades son beneficiosas como actividades aeróbicas. El personal médico nos dice que es una cosa buena permitir que nuestros corazones bombeen a un ritmo acelerado, durante un período de tiempo.

Experimenté un accidente automovilístico y no pude hacer algunas de las cosas, de las que yo dependía más para la salud en general. Me sentí completamente frustrado y básicamente me di por vencido. Yo sabía que necesitaba moverme para ser feliz, pero no me acordé de la parte más importante de la lección de mis maestros en este sentido. Me tomó algunos años antes de que me diera cuenta que me podía mover "diferentemente" de acuerdo a las nuevas circunstancias en las que me encontraba. Comencé a practicar Tai Chi, meditación en movimiento (técnicas de artes marciales) que expresamente sugiere que "lento es mejor." Luego apliqué este mismo concepto a correr y nadar, dándome cuenta de que (como siempre lo había dicho), "cualquier cosa es mejor que nada." Empecé a sentirme mejor, a pesar de que no podía moverme al mismo paso que lo hacía antes del accidente, porque estaba de nuevo aplicando los cinco principios a mi vida, como mejor podía. Y progresé. Hoy en día, con frecuencia voy a correr, nunca tratando de conseguir más que una caminata rápida, y paso más tiempo "deteniéndome a oler las flores" o contemplando el océano, que poniendo un pie delante del otro. Me pongo a pensar lo que realmente deseo lograr con la actividad que yo llamo correr. Un extraño podría tener un término totalmente diferente de lo que estoy haciendo por lo que percibe. A pesar del término, el Principio de Fluir está presente.

Aún cuando tenía un mejor físico, yo sabía que la forma de correr tenía muchas variaciones. Por ejemplo, uno puede ser un velocista o un corredor de larga distancia. Correr en la tierra es muy diferente a correr en asfalto, concreto o en una pista atlética. Una carrera de maratón, conocida a veces como correr fuera de una pista atlética, no puede generalmente ser comparada, con eventos de velocidad o carrera en pista, pero por lo general, lo imprevisible del terreno es lo que lo hace interesante para el participante. Por lo general, uno experimenta subidas y bajadas durante una carrera de maratón y debe ajustar el paso, zancada y aún el equipo que se utiliza correctamente, a menos que el lugar de la carrera es en la playa. La marea debe tomarse en cuenta, u otras variables relacionadas al fluir. En las montañas, nunca se corre hacia abajo de la mis- ma manera que se corre hacia arriba. Por supuesto, caminar, excursionismo, andar a trote corto, senderismo e incluso escalar, todos tienen similares y a la vez diferentes detalles específicos, que deben ser considerados. Sin embargo, todos están esencialmente moviendo nuestros cuerpos de un lado a otro en la superficie de la tierra. Recordando aquel accidente de coche, se debe considerar que la ecuación de Einstein jugó un papel importante. El daño causado por el peso y la velocidad del coche que me golpeó se agravó por el hecho de que mi cuerpo estaba completamente en reposo y luego con poca fluidez se puso en marcha, aunque sólo brevemente. Yo probablemente sentí los efectos, no sólo de éste "golpe" sino también de los golpes acumulados, que mi cuerpo había resistido en el transcurso de décadas. El dicho, *la gota que derramó el vaso,* debe colocarse allí para hacer el daño. En efecto, el conocimiento que se puede aplicar tanto en correr o en mi accidente automovilístico, generalmente, en mi vida depende no sólo de las aplicaciones de las ideas, sino de la interacción y una violación de los principios básicos de la forma, el beneficio y la fluidez. De esta manera, vemos que una estrategia exitosa (una donde hay un beneficio claro y definible) se basa en la interacción *entre* los principios y no específicamente en cualquiera de ellos.

Hay otros que sienten que el acceso a la solución de problemas de Los Cinco Principios comienza para ellos, donde otras estrategias terminan. Sin embargo, hasta en las clases de Artes Marciales de Las Cinco Aves, hacemos hincapié en que CUALQUIER actividad que combina la mente, cuerpo y espíritu y conduce a la meta final del conocimiento puede ser considerada una forma de meditación. Musashi admitió que estaba poniendo la estrategia de su vida en la lucha con espada, porque él sabía luchar con espada. Sin embargo, también enseñó a sus alumnos a estar lo más informados posibles "en todas las profesiones." Sun Tzu habló de las clases de guerreros, y hasta de los principios al relacionarse entre sí. Nada era más importante que eso.

Este enfoque sin prejuicios es, en mi opinión, esencial en el desarrollo de una estrategia de éxito en la vida, porque, un estudiante debe ser capaz de ver la relación de CUALQUIER punto de referencia a cualquier OTRO punto de referencia. No pueden estar atados. Se les debe permitir moverse libremente. Sin embargo, si deciden estar quietos, eso también está bien, y una representación del Principio de Fluir.

Un buen maestro es aquel que trata de comprender las múltiples perspectivas de sus estudiantes y luego establece el plan de estudio como el "objetivo principal" del curso. Cada estudiante tiene que saber "a donde él o ella va" y aproximadamente cuánto tiempo va a tomar para llegar allí. Hay algunas formas de meditación (y rituales asociados) o áreas de estudio (y lecciones asociadas) que se concentran exclusivamente en el concepto de fluir (y no se olvide del popular anuncio de motocicletas que proclama: "No es el destino, sino el viaje)."

Algunas de las imágenes que se repiten con frecuencia en la enseñanza y análisis de Fluir son las siguientes: El Círculo (o ciclo) de la Vida ... y La Muerte - El Río de la Vida, El Camino o Sendero de la Vida - la idea de lo infinito o la vida sin fin, el fluir continuo de fuerzas opuestas como con el símbolo del yin y el yang. Estas se basan en consideraciones y observaciones naturales y humanas. Estas también muestran la relación de tres cosas: Lo Conocido, lo Desconocido, y lo (actualmente) Incognoscible.

Podemos decir que lo que sabemos es en lo que basamos nuestras acciones físicas. Lo que es Desconocido, se encuentra actualmente más allá de nuestra consideración, puede tener resultados inmediatos y perceptibles en un nivel conocido, y conforme cambian las condiciones, bien puede convertirse en conocido. Lo Incognoscible está más allá de nuestro alcance (desde nuestro punto de vista actual). No podemos percibir directamente lo Incognoscible; sólo podemos sentir su esencia cuando nos toca indirectamente, por medio de lo conocido y lo desconocido. ¡Está bien asombrarse y preguntarse, "¿Por qué?" pero NO cuando pensamos que la pregunta misma es nuestra búsqueda definitiva como seres humanos. ¡Siempre debe haber un equilibrio!

"La energía ni se crea ni se destruye." – Albert Einstein.

El concepto de Fluir puede conducir a complicadas preguntas filosóficas, pero al final, con un fluir sostenido, se logra un reconocimiento sutil del constante fluir entre lo Conocido, lo Desconocido y lo Incognoscible. Este conocimiento limitado de chi / energía / conciencia es todo lo que podemos lograr.

Recuerde, "La energía favorece el movimiento." Sin embargo, el movimiento (o el aprendizaje, o el esclarecimiento) pueden venir a diferentes velocidades, a veces casi imperceptiblemente. Así que, la NECESIDAD o deseo de saber puede a menudo preceder su sabiduría o capacidad de utilizar el conocimiento, pero la recopilación de información y luego hacer decisiones basadas en nuestras observaciones ES LO QUE HACEMOS como seres humanos. Cuando creamos una estrategia para uno mismo, o en los negocios o la educación, o para el gobierno, es importante recordar este dato. Los seres humanos comienzan toda jornada, y en esencia, no pueden parar de recopilar información y buscar patrones. Es la forma en que nos relacionamos con el mundo y entre sí. Haciendo preguntas y luego tomando acción para responder a lo que hemos percibido, es nuestro trabajo. Es nuestra naturaleza.

Ahora, para que no violemos un principio básico y hacer las cosas demasiado complicadas, vamos a decir simplemente, que estas cosas pueden estar fuera de nuestro alcance en este momento. Están sin duda más allá de lo que estamos tratando de lograr en este libro. Reconozca el dilema y la belleza de la paradoja y siga adelante. El símbolo del círculo se usa para representar la vida, porque es sin principio ni fin. El triángulo, otro símbolo de Verdad Absoluta es a menudo referido para describir la relación entre la Mente, Cuerpo y el Espíritu. Ambos símbolos están vacíos en el centro, pero fluyen entre los conceptos. La vida se define por la muerte y es la muerte la última paradoja. En realidad, nunca se puede saber la respuesta a la pregunta que impulsa toda nuestra vida. Sin embargo, no podemos dejar de estar obsesionado con la pregunta.

"Ser o no ser, esa es la pregunta ..."

-Hamlet, de Shakespeare, Hamlet, Príncipe de Dinamarca

Capitulo Tres
EL PRINCIPIO DE LA FORMA

Simplificando, el segundo Principio de Todo dice: ***Todo de lo que podemos llegar a ser conscientes tiene una forma (método, manera, normas aplicables, etc.) y la forma es mejor considerada en el contexto de los cinco principios.*** En otras palabras, mientras que aplicamos nuestra tendencia de buscar patrones, parece que hay un cierto orden que es favorecido por el Universo en sí. Estos patrones son a veces obvios para nosotros y se convierten en algo común y útil en nuestra vida cotidiana. Cuando esto sucede decimos que nuestros patrones son de rutina. Por otra parte, cuando nos obsesionamos con la forma, en lugar del objetivo que la forma estaba tratando de lograr, a eso le llamamos ritual. La búsqueda de patrones y / o el significado en nuestras vidas es uno de los mayores atributos del ser humano. Si no fuera por esta tendencia a encontrar patrones, casi todos los descubrimientos científicos nunca se habrían hecho. Es como el lenguaje se desarrolla. En términos de Los Cinco Principios muy a menudo se dice: "Hay un sinnúmero de maneras diferentes para lograr la misma cosa." Esto es especialmente convincente si (como ya lo hemos implicado) el Conocimiento de los Cinco Principios en sí, es la misma meta máxima.

Hablando de la ciencia, en la ciencia del arte marcial del ninjitsu nos referimos a la "geometría" del universo por medio de la descripción de útiles y realistas movimientos del cuerpo. En la "forma" en que se lanza un "buen" puñetazo o patada, es basado en la experiencia primera de los "grandes maestros" que han desarrollado sus estilos en el conocimiento de "lo que funciona." También he oído términos geométricos utilizados en las clases de bellas artes o para las humanidades o ciencias. En todos los casos, este enfoque de geometría nos dice que hay sólo dos formas geométricas en el universo visible: Líneas rectas y curvas (las curvas resultan en círculos). En las artes marciales vemos que hay una tendencia a mover las manos y pies, ya sea en líneas rectas o con movimientos circulares. En el dibujo se ve que todas las formas están hechas de estos dos tipos de líneas. A veces, descubrimos información acerca de diseños universales o micro físicos a través de nuestro conocimiento y observación de estos diseños más pequeños. Un buen ejemplo de esto es hecho en como los hoyos negros en el espacio fueron descubiertos matemáticamente. Hoy los científicos aceptan la existencia de los hoyos negros en el espacio que fueron una vez inferidos por ecuaciones matemáticas. Nuestras reglas y métodos humanos son por lo general un intento de imitar "o de estar conscientes" de lo que percibimos que es el "orden del universo" y las "leyes universales" que lo gobiernan. En las artes marciales reconocemos una conexión di-recta entre lo que hacemos y "por qué" lo hacemos. En el tai chi, por ejemplo, decimos que la forma apropiada promueve el conocimiento del chi, o la verdad, o la unidad o el nirvana o Dios o la teoría / ecuación que responde todas las preguntas. Es posible que tengamos otros objetivos en mente, pero siempre hay una manera correcta de hacerlo todo. Algunos sistemas de creencias han ido tan lejos como para decir que sin la forma, o el sistema o el ritual, que el conocimiento del todo (la conciencia máxima) sería inalcanzable. En otras palabras, para algunos, *la forma es todo.*

Una vez más, no tenemos que saber siempre por qué esto es así, pero debe haber una manera segura, una forma sencilla de probar que algo se ha hecho correctamente. Esto se refiere a como son las cosas, como también la forma en que están destinadas a ser.

En las artes marciales nos preguntamos: *"¿Qué funciona mejor?"* Una de las cinco partes básicas de una técnica de auto-defensa es "defenderse a sí mismo." Si una técnica no cumple con este objetivo, entonces, no es buena, no importa lo espectacular que parezca. La "norma de oro" en las artes marciales a menudo ha sido considerada el Shaolin con cinco estilos de animales que son enseñadas por los monjes en el Templo de Shaolin en China. Al igual que en muchas culturas, los creadores originales de estos "estilos" de las artes marciales, observan la naturaleza y los animales en busca de diseños y "fortalezas" en estilo y función que son dignas de ser imitadas. Es así cómo el sistema de kung-fu "de cinco animales" fue creado. Estos animales eventualmente fueron asociados con los "cinco poderes" que los Chinos creen que gobiernan el universo.

Muchas culturas miran a la naturaleza para encontrar patrones (fortalezas) que coinciden con poderes máximos que parecen gobernar el funcionamiento de todas las cosas. Cuando se crea cualquier cosa de valor, se debe partir de un plan. Necesitamos una buena base para construir cada casa. Una Estrategia de Vida con Éxito es una especie de plan de acción que trabaja. Sin embargo, en lugar de enredarnos en debates interminables sobre qué plan es correcto o por qué un plan es mejor que otro, el enfoque de Los Cinco Principios busca un terreno común para todos los planes. Por otra parte, sólo porque alguien tiene un plan, no significa que hay algo de verdad en este. ¿Dónde, un plan como este se desviaría de la verdad? Un plan falso (o ineficaz) es el que viola los principios simples y fundamentales de nuestro universo, o de nuestro derecho individual de buscar conocimiento. Si una persona, grupo o individuo cree que tiene derecho a dañar otro grupo o individuo a causa de su "rectitud" entonces podemos ver que el plan es defectuoso.

La forma, el ritual y la repetición, en cierto sentido, son planes, que tienen que ver con el aprendizaje en varios niveles, y cualquier ritual o acción repetida o pensamiento obtendrá resultados. Esta es una razón por la que los cultos existen y a veces florecen. La gente "siente la diferencia" cuando actúan o piensan de una manera prescrita. Esta es la razón, sin embargo, hacemos hincapié en que "no hay una manera correcta" y que una obsesión con uno de los principios (como el principio de beneficio) sea como la "meta final" indica una estrategia que es fatalmente defectuosa.

Con una Estrategia de Cinco Principios, decimos que hay posturas correctas, posiciones correctas, formas correctas de respirar, tiempos correctos, sonidos correctos, tensiones correctas, el orden correcto, la atmósfera correcta, incluso formas correctas de pensar o sentir. Todo esto implica que también hay formas equivocadas de hacer las mismas cosas. La diferencia entre los dos puede ser solo uno de énfasis.

El principio de la forma sugiere que la forma correcta, en primer lugar, debe ser fácil de determinar de la forma equivocada. En segundo lugar (y posiblemente más importante) la forma correcta puede ser determinada de la equivocada con la simple prueba de nunca violar cualquiera de los otros principios básicos. La forma correcta también tiene evidentes beneficios y se adhiere al "punto," así como a los objetivos finales.

Cuando aceptamos que hay una razón para la acción y que hay un camino adecuado para tomar, entonces debemos tener el coraje para actuar de acuerdo. Acción, para los seres humanos, es a menudo comparado con valentía. Sin embargo, como en todo, la contraparte (la inacción) también debe ser una opción y ser aplicada a veces, como parte de una Estrategia de Vida con Éxito. Huir o escapar para evitar los conflictos, siempre va a lograr el objetivo deseado, si el fracaso (derrota) está fuera de la cuestión. Sin violar los otros principios básicos de chi, entonces, los ejercicios de los Cinco Principios hacen énfasis en que hay tiempo para moverse y tiempo para estar quieto.

Hay un tiempo para estar tenso y un tiempo para estar relajado. La duración de tiempo que debemos relajarnos, o estar tenso, también varía de acuerdo a la situación y otras condiciones. Incluso hay un marco adecuado para procesar los pensamientos.

Cuando enseño clases de escritura, hago hincapié en que la "Comunicación" es el objetivo clave de TODAS las formas de interacción (hablar, leer, escribir, actuar, etc.). Hay "maneras" o formas que parecen permitir que la comunicación ocurra "mejor." Nos gusta sentir que hay "orden" en el mundo perceptible, pero hemos llegado a esperarlo en nuestras habilidades de comunicación. Por estas razones, yo les digo también a mis alumnos que sus palabras tienen "poder" y que una frase, un párrafo, un relato, un poema, un guión, un correo electrónico, un mensaje de texto, hasta una lista de compra que dejamos en la puerta del refrigerador, tienen ciertas cosas en común. Lo primero y más importante es que "estamos tratando de comunicarnos" y una prueba simple de lo "correcto" y lo "equivocado" es simplemente: "¿Hemos logrado este objetivo sencillo?"

También vemos que hay otras similitudes de forma. Cada "forma" de comunicación tiene un comienzo "bueno," medio y final. En muchas culturas existe la sensación de que el Espíritu o Dios o la Mente Universal tienen una forma reconocible. Algunos van tan lejos como para decir que estamos "creados a imagen de Dios." Yo creo que esto es intuitivamente, absolutamente cierto. Sin embargo, esto no significa que la Mente Espiritual o el Universo son creados a imagen de la humanidad. Debemos tomar esta declaración de la verdad basada en los mismos cinco principios que parecen estar trabajando en nuestras propias vidas física, mental y espiritual. Así que, como Cinco Principistas decimos: "Parece que el Universo y nuestra propia esencia física tienen "formas" similares. De ahí, se deduce que tal vez esta "igualdad" se puede observar, no en nuestra forma humana, pero en la forma que "la vida" y el "conocimiento" parece tomar. Entonces tal vez, el Gran Espíritu, o el Creador se asemeja más a una hebra de ADN que a un ser humano. Al final, todas estas explicaciones son meras especulaciones (incognoscible) hasta el momento en que nos mueven, por las circunstancias la tecnología u otro adelanto, para mirar al propio Es- píritu y medir esta semejanza contra algún otro patrón conocido.

Algunas culturas (aquí incluimos muchos filósofos y científicos) creen que todo está hecho de la misma materia esencial y luego tratan de demostrar la última respuesta para todo.

Nativos Americanos, Africanos, Aborígenes Australianos, Europeos, Polinesios y las culturas Asiáticas todos creen que no sólo estamos "hechos de la misma materia que Dios," pero que podemos "imitar o ponernos en contacto con el Espíritu y representar las Leyes Espirituales" en una variedad de maneras artísticas (formas). Los hindús han dividido estas "formas" a lo largo de las líneas de nuestros sentidos y bajo los subtítulos de Mudra, Midra o Mandela. Con estas divisiones terminamos en otras culturas, Navajo, los Tibetanos, por ejemplo, con formas similares, que utilizan el conocimiento del audio, visual y representaciones textuales de las leyes universales y creencias.

En las Artes Marciales de las Cinco Aves, los conceptos de las artes marciales y las posturas como la de tai chi y las posiciones, son como convertirse en sus propias agujas de acupuntura o parte de su propia pintura de arena, donde usted llega a actuar la parte del producto final, así como cada grano individual de arena. Usted es PARTE de la forma y el instrumento mediante el cual el éxito o el "esclarecimiento" se mide.

Para estar seguros de que la forma no se convierta en una obsesión, violando cualquiera de los otros principios básicos, sugerimos hacer los ejercicios (incluyendo los sugeridos al final de este libro) con esfuerzo, dedicándose a fluir de una posición a la siguiente, con el mismo esfuerzo dado a los pasos individuales en las mismas formas. Por ejemplo, en la escritura, se puede estudiar la estructura o la gramática, o la relación entre hablar, leer y escribir, pero nunca se debe perder de vista el objetivo final de estas tres habilidades ... la comunicación.

Desde la Estrategia de Vida o la perspectiva de los Cinco Principios, decimos que la forma correcta es aquella que toma en cuenta tanto lo individual y los objetivos universales. Nuestra escala es a veces llamada, "Condición Física Total." La estrategia valida de un Condición Física Total debe tener en cuenta más de uno de los extremos del espectro. De hecho, en esta perspectiva, el método que a menudo usamos para enseñar una cosa, es describiendo lo contrario.

Sin embargo, no estamos realmente preocupados con los opuestos individuales, sino más bien la Máxima Esencia Sutil, que existe entre los opuestos, porque y a pesar de ellos. Las similitudes son al final, más importantes que las diferencias, si por ninguna otra razón que esa, así es como somos hechos.

"Comoquiera que los hombres traten de honrarme, así les doy la bienvenida. Por cualquier sendero que viajen, al final, los conduce a Mí."

- El Espíritu Supremo, de Bhagavad-Gita

"Después de todo, la política es una ciencia divina. Es mi deber estudiar la ciencia del gobierno ... Tengo que estudiar la política y la guerra, para que nuestros hijos puedan tener libertad para estudiar matemáticas y filosofía. Nuestros hijos deberían estudiar matemáticas y filosofía, geografía, e historia natural ... comercio y agricultura con el fin de dar a sus hijos el derecho a estudiar pintura, poesía, música, arquitectura, escultura, tapiz y porcelana."—John Adams

Capitulo Cuatro

EL PRINCIPIO DEL BENEFICIO

En las artes marciales a menudo hablamos de que tan efectiva una técnica es o no es. Como he dicho, hay cinco partes de cada técnica con éxito de la defensa personal (la única cosa de importancia para anotar es que hay cinco partes). Dentro del contexto de toda la "técnica" la primera pregunta y tal vez la más importante que todos los artistas marciales se hacen es esta: "¿Funciona la técnica (forma)? ¿Logra su objetivo? ¿Le ayuda a defenderse?" Esto nuevamente, puede parecer demasiado obvio. Sin embargo, en muchos estilos de artes marciales, el estudiante está tan absorto en tratar de seguir "la forma del maestro" y copiar los movimientos del maestro que simplemente se vuelve disfuncional. En ese momento, la observancia a lo que es percibido como la "fortaleza" de un estilo se convierte en su debilidad, debido a la falta de atención al Principio del Beneficio. Una obsesión con sólo el Principio del Conocimiento, de la Forma, del Fluir, de la Armonía o del Beneficio, al final conducirá al fracaso, debido a que esta obsesión está fuera del orden natural. Ni una parte de todo podría ser más importante que la suma total. Aún, desde la perspectiva individual tiene que haber un pago, sin interrumpir el fluir por el bien común. En los negocios, escuchamos frases como "si se trata de la venta de mercancías o servicios, el cliente debe sentir que está recibiendo un buen valor por su inversión."

En la vida vemos que una obsesión con beneficios sólo conduce al fracaso una y otra vez. Cuando los políticos tratan de hacer leyes comunes que benefician sólo a una pequeña minoría, o son verdaderas sólo a una ideología estrecha o a un segmento de la sociedad, entonces, los conflictos se desarrollan. Por la misma razón, puesto que el universo parece favorecer el orden, si una ideología crea conflictos, entonces la ideología o sistema debe ser sospechoso. No debemos pretender que cualquiera de los partidos opuestos dentro del conflicto es el problema que necesita ser resuelto. Es este pensamiento estrecho el que pretende demonizar opiniones opuestas dentro de un debate, en lugar de enfocarse verdaderamente en la pregunta a mano.

Si fallamos en una oportunidad en tenis, no debemos culpar la red, la cancha, a nuestro adversario, o el juego de tenis en sí. Tampoco debemos esforzarnos a alterar el juego de tenis, para adaptarse a nuestros errores. Tal vez tenis no es simplemente nuestro deporte.

Si nos ponchan sobre la base en béisbol, no hay que tratar de hacer que el lanzador tire la pelota más lentamente sobre una base más pequeña, u obligarlo a cargar un saco de arena sobre su espalda, sólo para que sea más justo.

Cuando enseño composición en inglés, yo sugiero que los estudiantes vean escribir una frase, un párrafo y una composición terminada en cualquier forma (relato, cuento, poema, guión etc.) como la "forma" de la estrategia con la que quieren tener éxito. El beneficio, en todos los casos es la comunicación. Palabras grandes, amontonadas en una página, sin puntuación o letra mayúscula, no tienen sentido. Palabras, en un formato que es entendible, tiene un enfoque claro, un comienzo, un medio y un final y un punto de vista obvio, que demostrará el poder de las palabras y son más propensas a comunicar lo que el escritor sentía que era importante decir.

Por lo tanto, procedemos a lo largo de esta línea de pensamientos, y es probable concluir: "Si cualquiera de los principios es violado siguiendo a los otros cuatro, entonces el sistema general está en necesidad de ajuste." En otras palabras, no parece que el Universo "selecciona y escoge" cómo y cuándo sigue las leyes que lo guía. Así que, ¿por qué deberíamos hacerlo nosotros? Por lo tanto, si una estrategia, una técnica, un plan o incluso una simple acción, pierde la visión de estos principios básicos (o pierde la visión de la meta que se fijó inicialmente para tratar de lograrlo), entonces no debe seguir.

El Principio del Beneficio asume que el Universo funciona de una manera ordenada. Los cálculos matemáticos pueden ser aplicados a todo. Así que, para decirlo de manera simple, llegamos a la conclusión de que, "*El Universo en si trata de beneficiarse, o mientras que nuestras acciones tienen resultados (a veces no entendemos realmente el alcance de esa declaración) parece haber una tendencia a premiar la acción que es comúnmente buena.*"

En la comprensión y aplicación de este Principio del Beneficio, no estaríamos exagerando la importancia diciendo, que el beneficio es todo.

Realmente no me gusta usar la palabra "ejercicios" para cualquier cosa que yo enseño, porque esto implica a muchos que la energía se GASTA en un esfuerzo por aprender. Yo digo que uno de los principios básicos de las artes marciales es que lo que usted haga para ser consciente de estos principios universales, debería "hacer que se sienta mejor."

Hay una vieja broma que ilustra este punto. Un hombre entra en el consultorio de un doctor y le dice: "Doctor, me duele cuando muevo mi pierna así." El doctor responde: "Bueno, no la muevas."

Algunas personas creen que los seres humanos pueden aumentar sus poderes personales y que pueden utilizar estos poderes para el bien o el mal. Si nos fijamos en la lógica de los Principios de Todo, podemos ver que esto simplemente no puede ser. Los seres humanos en efecto, pueden hacer daño a otros o a sí mismos. Sin embargo, la designación de "bueno" o "malo" es de humano. Mientras que un concepto puede ser la motivación esencial a un sistema de creencias, es importante recordar que somos humanos.

Recientemente (al mismo tiempo de este escrito) un terrorista famoso fue asesinado por las fuerzas SEAL élite estadounidense. Ya que él era ultimadamente responsable de la tragedia de las Torres Gemelas que ocurrió el 9/11 en Nueva York, yo no quiero dar ímpetu a su memoria al nombrarlo aquí. Basta decir que la "mayoría" de las personas vieron la acción justa. Algunos, que querían encontrar justificación por sus creencias de que "matar es malo," preguntaron al Dalai Lama cuál era su posición acerca del asesinato. Él contestó: "Creo que la vida es sagrada. No me gusta quitar la vida, ni siquiera la de un mosquito. Sin embargo, cuando estoy en un país propenso a la malaria, voy a matar a estos insectos si se posan en mi piel."

La Energía Universal fluye, esencialmente sólo para su propio bien. Nuestras acciones, pensamientos y pequeñas construcciones son microcosmos de los mayores principios universales. Por lo tanto, actos malvados e incluso los pensamientos de los seres hu-manos son por lo general considerados sólo una interrupción en el orden natural de las cosas a nivel humano.

Por ejemplo, la mayoría de los orientales piensa, que la enferme dad se entiende que es simplemente una interrupción del fluir universal chi, o energía. Este no es un concepto nuevo, o simplemente un concepto oriental. Ser un buen (o sano) humano es generalmente considerado como uno que sigue objetivos individuales (la felicidad), como parte del orden natural de las cosas. En otras palabras, en busca de un beneficio a nuestras acciones - una meta natural y verdadera - es una medida del valor de la acción, siempre que esa acción no interfiera con ninguna otra persona en busca de la felicidad.

Dentro de esto hay que añadir que el placer individual no es la verdadera felicidad, ni tampoco un beneficio que se debe basar en buscar una vida de estrategia. Esto es como creer que obtener una calificación aprobatoria en un examen es más importante que aprender la asignatura.

El placer es de corta duración, y sólo una esperanza para el subproducto de una imagen más grande se beneficia. La búsqueda de la felicidad (si se considera como el máximo beneficio) tiene largo plazo y un amplio alcance. El placer se ocupa principalmente de los sentidos físicos, mientras que la felicidad (a menudo nos da el sentido de la sensación física) es realmente experimentada en un nivel más profundo. Pensar que el placer ES felicidad, es tan erró- neo como la creencia de que el plano original ES la casa, o que visitar o leer acerca de un lugar es lo mismo que vivir allí.

En lo que si hacemos énfasis de Los Cinco Principios es en el enfoque que nuestros objetivos finales son naturales o universales. Satisfacción, salud, el bienestar, y la conexión (el aprendizaje y la comunicación) se encuentran todos realmente a un nivel que es una unificación de los principios individuales. En las artes marciales y muchas otras filosofías, el triángulo o la trinidad es un símbolo importante. Cuando hablamos de Beneficios, creemos que la adhesión a los Cinco Principios Básicos nos va a beneficiar en los niveles de la Mente, Cuerpo y Espíritu ... así como el lugar indefinido entremedio.

La Constitución de los Estados Unidos de América es un documento poderoso porque, yo creo, que el autor principal (Thomas Jefferson) trató de adherirse a estos principios básicos universales.

Los propósitos finales del documento son coincidentemente cinco. Estos objetivos y beneficios se resumen en palabras del preámbulo: "Nosotros, el Pueblo de los Estados Unidos, a fin de formar una Unión más perfecta, establecer la Justicia, afirmar la Tranquilidad interior, proveer la defensa común, promover el Bienestar general, y asegurar las Bendiciones de la Libertad para nosotros y nuestra Posteridad, decretamos y establecemos esta Constitución para los Estados Unidos de América."

Estos cinco propósitos son eco de los que se encuentran en la Declaración de la Independencia en la frase simple pero duradera, "Vida, Libertad y la Búsqueda de la Felicidad." Hasta ese momento, esos objetivos (especialmente la libertad) nunca habían sido considerados como "derechos inalienables," o primarios para establecer un gobierno. Sin embargo, nunca olvide que "La Tranquilidad Común, Defensa y Bienestar General" son como este conocimiento (definición de la libertad) está siendo calificada y definida. El conocimiento está siendo enfocado, a través de la estructura física de un documento del gobierno, para mover a un pueblo hacia el futuro de un bien común.

El principio del beneficio se puede resumir en la declaración: "Si no estamos recibiendo algo de la actividad que estamos desempeñando, a nivel espiritual, mental y físico, entonces probablemente no deberíamos hacerlo."

Capitulo Cinco
EL PRINCIPIO DE LA ARMONÍA

El último Principio de Todo es la Armonía, también conocido como Equilibrio, Relatividad o Adaptabilidad. Una vez más, ya que nos esforzamos tanto para la brevedad y claridad, debemos proceder de ciertas suposiciones: **1)** Los seres humanos han nacido para ser creativos y **2)** El cambio es inevitable. Si no se nos permite mirar por encima del siguiente horizonte, reevaluar la información y después reinventar la rueda, por lo general terminamos sintiéndonos sofocados. Permitirse a si mismo cierta cantidad de espacio para menearse y cambiar o crear nuevas opciones. De hecho, esto parece ser un requisito para la felicidad (o la realización, o inevitabilidad). Usted ponga el término que prefiera.

La vida está llena de cambios sutiles pero profundos ... un proceso desde la juventud hasta la vejez, de la inocencia a la sabiduría, todo dentro del mismo cuerpo que no se queda de la misma forma. No aceptar nuestro innato "sistema operativo" ha sido la caída de muchas relaciones personales, especialmente cuando un individuo se estanca o no hay cambio como una condición para el éxito. Otra manera de resumir este principio es decir: "La Perspectiva es todo."

En las artes marciales, hablamos de otra parte de la técnica de la defensa propia que es "bajando su centro de gravedad." El equilibrio de una persona, en relación a su contrincante es un factor crucial en el éxito. Otra cara de esta misma moneda se llama "la disposición de abandonar la técnica."

Este concepto se llama, *Soltando El Puño* por el espadachín Musashi. Aquí está sugiriendo que si una técnica de lucha con espadas se aprende y se practica, pero no funciona, debemos tener el sentido de renunciar a ella o modificarla, para que pueda lograr su propósito. Musashi era conocido como el espadachín más grande en el Japón feudal, pero sugirió que puede haber momentos en que (incluso un gran espadachín) debe dejar por un lado la espada para lograr su verdadero objetivo. En su caso, el objetivo era simple: Derrotar al enemigo. Hay una gran historia de cómo este espadachín luchó y derrotó a un atacante con un remo mojado y sus puños pelados. Él siempre mantuvo la vista en su verdadero objetivo y no permitió que sus ideas preconcebidas limitaran sus opciones.

En el estilo de pelea que yo estoy a favor, llamamos a esa tendencia "adherirse a una ideología o a una técnica o cualquier otra metodología específica" como "arma estúpida," y por lo tanto algo que debe evitarse.

Naturalmente, es importante tener un momento para reflexionar y decidir nuestra estrategia (a veces representado por el vacío). Sin embargo, entre más opciones tenemos, más son las acciones que podemos asumir cómodamente en cualquier situación dada, mejor vamos a estar (adaptabilidad). Tener la libertad de seleccionar expertamente, es libertad verdadera.

Una de las lecciones más grandes que recibí de un Transportista de Pipa Lakota (chamán o curandero) fue "siempre que sea posible, piense antes de responder a cualquier pregunta de valor. "He notado que algunas veces, cuando he hecho una pregunta directa, estos profesores simplemente se alejan, como si no me hubieran oído. Al principio, pensé que había hecho alguna pregunta inadecuada (me atrevo a decir estúpida) y mis profesores no sentían que era digna de una respuesta. Esta suposición no podría estar más lejos de la verdad. Una vez, después de que aparentemente fui ignorado me di cuenta que tan repentinamente como mis maestros habían partido, inesperadamente un momento más tarde, regresaron y me dieron una respuesta a una pregunta que yo tal vez podría haber olvidado. Cuando vi lo que estaba sucediendo, pregunté acerca del proceso y me dijeron que mucha "gente de poder" siente como que tienen la obligación de dar el mejor consejo posible, especialmente cuando se les pregunta. Si la respuesta a una pregunta no era evidente para el profesor (al parecer especialmente Lakota) sentían que podían tardar *hasta tres días* para responder. Mi maestro me dijo que era una especie de "regla sin escribir," debido a su rango en la tribu, se le permitió tiempo extra para "sentirse cómodo" con la pregunta antes de responder. En otras palabras, por su definición tenía que estar en armonía o equilibrio entre la respuesta y la pregunta.

Debe señalarse aquí, que también la perspectiva cada vez está cambiando y que nuestro concepto de lo que constituye hoy un

Universo es uno que siempre cambia. Hoy en día, los científicos (no sólo los considerados místicos de ojos desorbitados) están ha- blando acerca de los Multi-versos y dentro de esos hay muchas teorías diferentes y conjeturas acerca de cómo estas nuevas versiones cuánticas de la realidad física podrían ser vistas.

Esto complica las cosas para aquellos que están buscando unificar todas las teorías (o los que creen que hay UNA manera correcta de hacer las cosas). Aunque los físicos están constantemente en busca de esta teoría unificadora (una teoría de todo) para explicar y justificar todas las otras teorías, el "centro del blanco" no sólo sigue avanzando, pero incluso podría desaparecer de una interpretación única y estrecha de la realidad.

Un Maestro Zen Japonés que me estaba enseñando acerca de Kyudo (Arquería Zen) describió la situación así: "La gente viene a mí y me piden que les enseñe la arquería. Ellos consideran que aprender a meditar de esta manera es como una meta, como subir a la cima de una montaña en particular. La montaña donde yo me siento en la cumbre, no es necesariamente la montaña más alta o la mejor montaña, pero me ven sentado en la cima de una montaña que ellos quieren subir. Cada estudiante viene de diferentes direcciones y ellos no ven que desde donde estoy sentado, tengo una buena vista de todas las direcciones. Veo los obstáculos que tienen que vencer para llegar a donde estoy. Puedo ver, por ejemplo que un estudiante tiene un camino claro hacia la parte superior de la montaña, así que les digo que vayan hacia adelante.

Otro estudiante puede tener su camino bloqueado por un río o un bosque, así que lo guío de acuerdo a su circunstancia. El problema es que a veces un estudiante me oye darle dirección a otro de ir hacia adelante, mientras que yo les digo que giren a la izquierda o a la derecha y el primero piensa que está siendo tratado injustamente. Ignoran mis direcciones y comienzan a seguir las instrucciones que les estoy dando a otros estudiantes. Nunca se pueden beneficiar de mis instrucciones porque terminan perdidos en el bosque o se caen en el río. Sin embargo, un buen maestro debe ser fiel a su posición y continuar respondiendo a la pregunta "¿cómo puedo llegar a la cima de la montaña?" con honradez y responsabilidad. Esperemos que la mayoría de los estudiantes se darán cuenta que la intención del maestro es pura y eventualmente llegarán a sus metas."

Hay muchos estilos de artes marciales que se basan en sólo UNA PARTE DE LA ESTRATEGIA, que es una cosa fácil de hacer si se ha logrado el éxito en el pasado. Sin embargo, sólo porque un individuo, con una habilidad particular y doblado de naturaleza triunfa con una técnica específica, bajo condiciones específicas ... eso no quiere decir que esa técnica o "estilo" funcionará para todo el mundo en toda circunstancia. Por el otro lado, no podemos negar el éxito. Por eso es que yo creo, tenemos tanta devoción a las palabras de los maestros (aquí se puede inyectar el termino personas de gran éxito, si eso es más cómodo). La gente sin duda, ha logrado por sí misma, el éxito en una variedad de maneras. Eso no quiere decir que puede (o debe) enseñar a otros, que de la manera con la que han tenido éxito, es la ÚNICA manera de lograr el éxito. Por dominar cualquier concepto (principio de chi o parte de una estrategia de una vida con éxito), algunos sí pueden ver un cierto nivel de éxito. De ahí el dicho: "Si no está roto, no lo repare."

Sin embargo, cuando se trata de la verdadera felicidad, la verdadera libertad o el conocimiento verdadero, podemos decir, para el Éxito Final, una atención a la Armonía es todo. En muchas culturas, el lugar donde todas las otras estrategias o poderes se unen es conocido como el vacío. Lograr el vacío o la nada, se cree que es el último objetivo.

Existen problemas con esta manera de pensar. Uno de los problemas para entender el Vacío viene en el tamaño relativo y en relación con lo que estamos discutiendo. En otras palabras, el va- cío puede ser tan pequeño o vasto, que está más allá de nuestras percepciones. Sabiendo que el vacío existe puede ser todo lo que podemos esperar en una situación dada. De hecho, aceptando la existencia de la nada, ¡bien podría ser un paso esencial para alcanzar la verdadera felicidad!

Por ejemplo, hay una famosa proposición filosófica sobre una mosca estrellándose de cabeza en una locomotora que está corriendo directamente hacia la vía del tren. Para tentar a nuestra lógica, la cuestión se plantea: ¿Hay un punto en el que la mosca cambia de dirección hacia adelante, para hacia atrás? ¿Significa esto que la mosca (y por lo tanto, la locomotora) deben detenerse por completo?

El Principio de la Armonía dice que hay un tiempo adecuado para avanzar y para retroceder y de no moverse en lo absoluto. Debemos ser conscientes de los extremos, los opuestos y el punto en el que cambiamos de una dirección a otra. También debemos conocer nuestras limitaciones. Algunas personas (los matemáticos y filósofos en su mayor parte) me han dicho que se puede demostrar que la locomotora de hecho se detiene por un instante. Otros han argumentado apasionadamente en contra de la idea. ¿Es esto importante para mi vida cotidiana? Para mí este tipo de pensamiento sigue siendo interesante en el nivel que pone realce a nuestra necesidad básica para plantear preguntas y crear hipótesis. La recopilación de información y la especulación sobre todo, nunca será una búsqueda inútil. Nos guste o no, los seres humanos son aprendices de por vida.

Sin embargo si somos completamente incapaces de beneficiarnos de una idea o acción, entonces debemos abandonarla por el momento e intentar algo más. Vuelvo a la Constitución de los Estados Unidos de América por un momento y señalo que la "adaptabilidad" es una cualidad esencial que hace que este documento funcione. Desde el principio, nuestros padres fundadores sabían que tenía que haber mecanismos para cambiar nuestras leyes, a medida que cambian las situaciones. De hecho, cambiaron este documento casi inmediatamente añadiendo la Declaración de Derechos, y las enmiendas se han añadido y derogado desde ese entonces.

Movimiento y quietud, tensión y relajación, pensar y sentir todos tienen momentos y lugares apropiados. Los seres humanos, ejercen una responsabilidad propia de todas las fuerzas que les rodean, aprenden a equilibrar sus vidas con estas fuerzas contradictorias, de modo que puedan recibir todos los beneficios.

La definición de "beneficioso" también está siempre sujeta a las peculiaridades del tiempo, lugar y situación (como hemos visto en un capítulo anterior). Una vez más, nunca se sabe cuando una parte de la información va a ser de utilidad para nosotros. Igualmente, nunca sabemos cómo nuestras acciones o palabras van a afectar a otros. A menudo les cuento la siguiente historia a mis alumnos: Antes de haber trabajado como profesor en las Cárceles del Condado de Los Ángeles, trabajé con niños con trastornos emocionales en un centro llamado Hathaway. A los casi siete años allí, trabajé con cientos de niños y aprendí mucho de cada uno de ellos. Durante este tiempo, yo estaba estudiando para obtener mi título de Maestría de Artes y en mi primer cinturón negro. Parte del trabajo era vivir en una casa con aproximadamente veinte niños dos días y medio por semana. El personal se rotaba de modo que siempre había dos "padres de casa" en servicio en todo momento. Cuando vivía en la casa y durante mi turno de trabajo, tenía que practicar las artes marciales, mientras que los niños estaban dormidos. Un niño, de unos diez años de edad, se escabulló para verme mientras yo practicaba y formamos un vínculo fuerte. La razón por la cual le cubrí su hora de acostarse y su inusual apego a mí fue porque la raza era mitad blanca / mitad india quien había formado un fuerte vínculo al personaje de la película, BILLY JACK. Este personaje fue también mitad blanco y mitad indio, un veterano de la guerra de Vietnam quien regresó a la reserva para salvar una Escuela In- dia de los delincuentes locales. Los delincuentes locales, tomaron la forma de hacendados blancos poco escrupulosos, que estaban cazando y capturando ilegalmente caballos salvajes para el comercio de alimentos para perros y también odiaban todo lo relacionado con los Nativos Americanos o jipis. Las herramientas de Billy Jack para mantener a salvo a los niños eran sus manos y pies y "trucos de los Boinas Verdes" que había aprendido durante su servicio en Vietnam. Oh, me olvidé de mencionar que Billy Jack te- nía un sombrero negro, redondo de ala plana. El niño que quería mirarme por la noche - le llamaremos el Pequeño Billy - también se ponía uno de esos sombreros. Me dijeron que el Pequeño Billy había sido gravemente maltratado por adultos cuando estaba creciendo, y cuando hice la conexión entre la herencia del Pequeño Billy y su asociación con el personaje de Billy Jack, me di cuenta que eso lo hacía sentir más seguro, el saber que alguien estaba practicando artes marciales en la misma casa donde el dormía, así como llevar puesto el sombrero de Billy Jack lo hacía sentirse menos vulnerable. También animé al pequeño Billy a estar orgulloso de su herencia nativa y le hablé de algunos de mis profesores y de los grandes héroes americanos de antes, que fueron sus antepasados. Compartimos buenos momentos juntos y finalmente fue quitado del ambiente terapéutico de la Villa.

Ahora, necesitamos avanzar unos 20 años. Yo estaba enseñando Inglés Como Segundo Idioma (ESL), preparación para el examen de Desarrollo de Educación General (GED), prevención para el abuso de droga y alcohol y asignaturas para el diploma de la Escuela Secundaria, sentado en mi salón de clases con unos 50 reclusos estudiantes, cuando sonó el teléfono. Esto fue algo inusual, ya que recibía muy pocas llamadas en la cárcel. Sin embargo, lo que me extrañó fue cuando tomé el receptor y una voz en el otro extremo, dijo, "Hola, señor. Busco a Gordon Richiusa, señor." Inmediatamente lo reconocí.

"¿Pequeño Billy? ¿Eres tú?"

"Sí, señor. No pensé que se recordaría de mí, señor." "Billy," le dije, interrumpiendo. "¿Has estado en el servicio militar?"

"Sí, señor" respondió.

"¿Cómo lo supo, señor?"

"Billy, puedes dejar de llamarme señor," le dije, y luego me apresuré a añadir. "No puedo creer esto. ¿Cómo has podido comunicarte a través de esta línea? ¿Cómo me has encontrado? ¿Por qué me has llamado?"

Billy me dijo que había dejado la casa donde había trabajado con él, había obtenido su diploma de la Escuela Secundaria y su cinturón negro y luego ingresó al servicio militar. Él sirvió y cumplió su tiempo honorablemente, después fue en busca de sus antepasados y encontró a su abuelo materno en la Reservación de Piute en Nevada. Su abuelo era un curandero de la tribu y había accedido a enseñar a Billy las costumbres antiguas.

"Felicitaciones," le dije. "Pero, ¿por qué me estás llamando?"

"Yo estaba en una ceremonia recientemente y tuve una visión de usted, diciéndome, la cosa que había cambiado mi vida para lo mejor. Sólo quería hacérselo saber y darle las gracias."

Por alguna razón, me quedé atónito. Billy me dijo que había estado buscándome por un par de semanas, regresó a Hathaway y luego, siguió algunas pistas, hasta que finalmente descubrió que yo estaba trabajando en la cárcel. Luego, tuvo que conseguir el numero del departamento de educación y convencer a algunas recepcionistas que lo comunicaran al teléfono en el cual estaba hablando, y todo porque yo había dicho algo memorable que había beneficiado la vida de alguien de una manera profunda. Yo no podía esperar a escuchar esas palabras que le habían afectado tanto, que sintió la necesidad de encontrarme.

"¿Qué fue lo que dije?"

"Usted me dijo que hay dos maneras de respirar."

Admito que yo me sentí un poco desinflado. Esto no parecía tan profundo en cualquier nivel y no me acordaba de inmediato el contexto en el que había impartido esta dudosa sabiduría. "¿Podrías explicármelo?," le pregunté.

Billy me recordó que a menudo los niños bajo nuestro cuidado parecían "monstruitos," como le llamábamos cariñosamente." Eran exhibiciones emocionales, en algunos casos rabietas de proporciones monumentales. Billy era legendario en retorcerse, gritar y exhibiciones de espuma, tanto fue así, que durante un episodio cuatro adultos lo sostenían con pánico gritándole instrucciones co- mo, "¡CÁLMATE! ¡CÁLMATE!"

Cuando vi lo que estaba sucediendo, me acosté en el suelo junto a la cabeza de Billy, con mi rostro junto al de él y le dije: "Yo sé que esto va a ser difícil Billy, pero estos miembros del personal no van a soltarte hasta que te calmes. Cuando tú te calmes, ellos se calmarán. Quiero que trates algo. Sólo date cuenta la forma en que estás respirando."

"Estaba cerca de la hiperventilación, jadeando rápidamente entre gruñidos. Trata de pensar en nada más, excepto tu respiración. Si puedes reducir tu respiración, podrás relajarte. Cuando te relajes, ellos te soltarán."

Billy dijo que no sólo funcionó en esa situación, pero que también fue probablemente la información más significativa en sus éxitos posteriores. Nunca se sabe qué efecto van a tener sus palabras y acciones sobre los demás. Lo mejor que podemos hacer es tratar cada situación con honestidad, honradez y respecto, ya que cada acción puede ser en un momento inesperado de mucha más importancia de lo que pensamos. Como una persona que se llama a sí mismo un maestro, es una gran responsabilidad que tomo más en serio ahora. Le di las gracias a Billy por haberme llamado y me dio su permiso para contar esta historia a otros.

Las condiciones de un Ave Solitaria son cinco.
La primera es que vuela al punto más alto.
La segunda es que apunta su pico hacia el cielo.
La tercera es que no sufre por falta de compañía, incluso de su propia especie.
La cuarta es que no tiene color definido.
Y la quinta es que él canta en voz muy suave.
--San Juan de la Cruz, Las Condiciones De Un Ave Solitaria.

"Un simple vaso de agua puede llegar a ser la medicina más poderosa, si se da en el espíritu apropiado."
--Lame Deer Erdoes, De Lame Deer, Buscador de la Visión.

Capitulo Seis
EPÍLOGO

Había una vez un maestro que hizo una ilustración muy concisa, iluminando la diferencia entre Lograr el Beneficio Máximo de la Meditación y no lograrlo. Él dijo: "Podemos pararnos y caminar por la habitación o (cambiando el tono de su voz) podemos levantarnos y caminar por la habitación." Explicando aún más, dijo, "En otras palabras, podemos movernos al azar y sin coordinación o con enfoque y control, plenamente consientes, en armonía con las fuerzas de la naturaleza, sin violar ninguna moral o ética, podemos tomar la decisión de subir y luego actuar con plena responsabilidad caminando por la habitación, con la frente en alto, plenamente consientes de nuestras acciones, como si fuera una cuestión de vida o muerte." Esta manera de ver las cosas convierte cada acto (o inacción) en un acto de poder. Mediante la aplicación de los Cinco Principios de Chi a nuestros pensamientos, palabras y obras, podemos transformar nuestras vidas desde sus niveles actuales al milagroso. Por medio de la práctica de Go-Tao-Chi, en cualquier forma posible, permitimos a nuestros cuerpos y a nuestras mentes a fluir, para que se asistan mutuamente en un esfuerzo coordinado para la verdadera felicidad.

He estado estudiando y practicando artes marciales de todo tipo durante casi cincuenta años. Eso NO significa, de ninguna manera, que soy un MAESTRO (ya que no creo que tal estado exista). Sin embargo, creo que mi experiencia y dedicación al estudio de todas las formas de las artes marciales me ha permitido una ventaja única de la cual puedo hacer algunas observaciones acerca de las similitudes y diferencias en los estilos que he estudiado. Especulando acerca de cómo mi entrenamiento me ha beneficiado y me ha afectado, me he visto obligado a buscar nuevas y mejores formas de explicar lo que hago. En el proceso, he llegado a lo que yo siento son las mejores maneras de transmitir lo que he aprendido a los demás. En la mayoría de los casos, aquellos que han dedicado sus vidas a la profesión de la enseñanza me han entregado las lecciones que he aprendido. No importa cuál es la fuente de la disciplina o si los maestros se consideraban profesionales. Un buen maestro es aquel que tiene algo de valor para impartir y ha descubierto una forma (o formas, que también suele incluir el ser un buen ejemplo) para comunicar esta información, hecho, estilo, técnica, perspectiva, idea o valor.

Así que al final, durante el transcurso de mi entrenamiento (y una vez más, quiero agradecer a todos aquellos que han tomado el tiempo para enseñarme), me he convertido en un maestro. Desde esta perspectiva, he desarrollado y ahora enseño un sistema de enseñanza, en lugar de un estilo específico de las artes marciales. Yo le llamo al plano general de aprendizaje El Sistema de las Cinco Aves, y se esfuerza por alcanzar y enseñar un enfoque disciplinado a una Condición Física Total.

También he llegado a la conclusión de que los conceptos son mucho más importantes en un programa de entrenamiento completo, que cualquier técnica en particular, arte o equipo.

Éstos son algunos de los conceptos con los que yo trabajo:

1) La disciplina de un artista marcial ofrece una gran ventaja para el éxito de una Condición Física Total.

2) El Cerebro es la mejor arma.

3) Fe y Confianza en nuestros sentimientos son nuestra mejor prevención de tener que defendernos.

Yo uso la forma de Karate de Okinawa conocido como Goju Ryu como la base para el entrenamiento de la mano vacía, que es el corazón de la enseñanza general. He elegido este "estilo" como un fundamento, porque yo lo conozco mejor, y porque el nombre significa "La Forma Dura-Suave." Sin embargo, yo suplemento lo que enseño, con cualquier forma de movimiento saludable que a un estudiante le gustaría participar. Yo creo en el dicho: La mejor forma de ejercicio es el que una persona hará regularmente. A lo largo de estas líneas, requiero que cada estudiante que desee alcanzar la posición de Instructor Avanzado o Cinturón Negro conmigo, también debe traer algo al arte, mediante la aplicación de lo que han aprendido por medio de una demostración de HABILIDAD ESPECIAL. En el pasado era común que los mejores estudiantes "ganaran" sus lecciones con acciones tales como cocinar, limpiar o cualquier otro tipo de trabajo manual a cambio de entrenamiento. Yo agrego a esto mi propio conocimiento, entrenamiento de forma libre, y un número de otras artes marciales, que he tenido la buena fortuna de estudiar a lo largo de los años, y un poco de observación personal.

Me he convertido en un maestro profesional debido a mi atención a mis estudiantes, así como a mi propia manera particular de aprendizaje. Creo que aprender a enseñar es mi expresión personal, la forma más alta de lograr mi conocimiento. De hecho, la relación entre el profesor y el alumno, en sí, no es más que un modelo de la condición natural de padre e hijo, que es otra gran manera de exhibir la aproximación de los Cinco Principios.

Como profesor, si yo oigo o veo algo que tiene sentido para mí, entonces lo cito liberalmente. El resultado de lo que hago ahora con un estudiante, yo le llamo Entrenamiento de Concepto, ya que hace hincapié en los conceptos fundamentales, en lugar de las téc- nicas específicas. En las últimas dos décadas he entrenado, literalmente cientos si no miles de estudiantes en lo que se me ha enseñado acerca de las artes marciales. Yo también reconozco a un gran número de otros como mis maestros.

Espero que nunca deje de aprender. Algunas de las lecciones que he absorbido son que los tiempos están cambiando. Las necesidades de la gente son diferentes a lo que solían ser y, lo más importante, la forma como aprenden las personas está en un cambio constante. Lo que puede ser bueno para un período de tiempo, ubicación geográfica, o la cultura, puede que no se adapte a otro. De hecho, siempre ha habido un defecto personal en cada arte que yo he estudiado. Esto significa que siempre había algo que no se sentía del todo bien, o que me pareciera verdad. Fue en este ambiente que yo desarrollé las Cinco Aves de las Artes Marciales y los Cinco Principios de Todo. Me doy cuenta, mientras escribo esto, que hay quienes simplemente, no lo comprenderán o dirán (con razón) que este libro no suple sus necesidades. Habrá también aquellos que harán una excepción con mi comparación del Tai Chi o de otras artes marciales a Go-Tao-Chi o los Cinco Principios. A ellos, yo les pido disculpas. Yo sé que el tai chi (puede poner cualquier otra disciplina aquí que le haga sentir bien) es absolutamente perfecto para alguno.

No estoy tratando de denigrar a ningún arte, objetivo, habilidad, negocios, religión o disciplina. Obviamente, con la atención que le doy a las formas de tai-chi, yo también me he beneficiado del estudio de este arte. También he tratado yoga y levantamiento de pesas. Yo no aprendí simplemente cualquiera de estas formas como las *únicas* que valen la pena. Por eso estoy agradecido a la sabiduría de mis propios maestros.

Al final, todo lo que estoy tratando de hacer con Los Cinco Principios es de limitar los conceptos hasta las unidades más esenciales para mi propio beneficio.

Al hacerlo, aprendo cómo aplicar estos conceptos a acciones o técnicas, que sé que son beneficiosas (ya que yo me he beneficiado de ellas). Al final, siempre voy a ser capaz de expresar solo lo que creo y permitir un buscador de conocimiento, un estudiante de artes marciales o cualquier empeño, a seguir o rechazar el Concepto de la Condición Física Total. Ellos pueden ver por sí mismos si Los Cinco Principios de Todo les ayuda en su búsqueda. O bien, pueden rechazarlos totalmente.

Por mi parte, tengo que creer que este libro le ayudará de alguna manera. Yo creo que cuando una persona se adhiere a los Cinco Principios de Todo, los resultados serán un sentido de logro, un programa de ejercicio bien estructurado, un aumento en el Conocimiento de la Defensa o una Segunda atención, un desarrollo de la Estrategia de una Vida con Éxito, una sensación de equilibrio y bienestar y un aumento general de la salud física. En todos los casos, el éxito será medido en términos muy específicos y condiciones personales ... como debe ser, y la mejor estrategia de enseñanza es la que Randy Pausch formuló en su última conferencia: *No trate de enseñar. Sólo cuente historias.* Así que, aquí va una historia final: Digamos que, como hipótesis, que los seres humanos son como un velero en una gran masa de agua, moviéndose con el viento. El barco no es el viento, ni tampoco es el agua o los árboles que se cortaron para sacar la madera con la que se construyó el barco. Sin embargo, para alcanzar su Objetivo Máximo de Actualización Personal, el barco debe ser elaborado de acuerdo con un plan adecuado, y utilizar el viento y el agua para su mejor ventaja. El barco, en un sentido, debe estar totalmente consciente de sí mismo y Abierto a las Ocho Esquinas. El viento y el agua tienen muchas similitudes, pero no son la misma cosa. Cuando el barco interactúa con cualquiera, podríamos decir que es como el viento, o a merced del agua. Ninguno de estos dos argumentos es ultimadamente verdadero.

Cuanto más sabe el marinero en el barco los temas del viento o del agua, o incluso del propio barco, le ayudará a él o a ella a guiar la embarcación a su destino final ... donde quiera que eso sea. A veces el agua es tranquila, o agitada, o tiene fuertes corrientes, y el peso dentro de la embarcación debe ser cambiado o el timón (mecanismo de dirección) debe de girarse ligeramente para compensar. El marinero y la embarcación, se benefician del conocimiento, la observación del agua y la intuición. Si el agua está tibia o llana, el barco navegará de cierta manera. Si el agua se congela o es profunda, otras condiciones existen que deben ser tratadas.

Con el viento, lo invisible, es lo mismo. El enfoque y el control de la embarcación a su destino sólo pueden esperar por un viento favorable, entonces recorte la vela correctamente al viento que se pone a disposición.

La perspectiva de los Cinco Principios hace el poder disponible, la relación y el resultado de la interacción del barco, el viento y el agua, sin hacer morada en cualquiera de estos.

Capitulo Siete

ABSTRACTOS & ARTÍCULOS ILUSTRATIVOS ADICIONALES

Las siguientes secciones muestran cómo utilizar los Cinco Principios en varias formas específicas. El primero es una introducción a los Artículos Ilustrativos, seguido por una explicación del Sistema de Cinco Aves que aparece en el Volumen Cuatro, en la Revista de Entretenimiento de Artes Marciales y en WorldWideDojo.com.

Avanzar a los Abstractos

Por Ed Tao

Cuando yo conocí a Gordon Richiusa, fue en la primavera del 2009, cuando me inscribí en la clase de escritura de no ficción que él estaba enseñando en el Colegio Saddleback Instituto Emérito.

Me quedé muy impresionado en la forma en que Gordon estimula el deseo y la capacidad interior de los estudiantes para que participen en pensamientos y debates muy profundos. Para mí, fue de interés particular su pasión de toda la vida por las artes marciales. Dado que este es mi propio interés que se remonta a mis días después de la escuela secundaria, yo encontré una afinidad especial con Gordon. Hacia el final del semestre, Gordon me dio una copia de su libro, Go-Tao-Chi, Los Cinco Principios de Chi.

Más tarde, tuvimos numerosas conversaciones sobre el libro y varios temas relacionados con las artes marciales. Yo estaba muy impresionado por el conocimiento de Gordon de muchas cosas además de sus especialidades comúnmente conocidas. Para mí, la belleza de este acercamiento es su sencillez y su amplia aplicabilidad en muchas áreas. Usando sus sistemas y basado en sus décadas como escritor, Gordon ha sido galardonado con un Premio de Trayectoria a los Logros, instalado en dos Salones de la Fama de las Artes Marciales. Él es también un escritor realizado, profesor y un profundo pensador, con un amplio y variado conocimiento académico y profesional. Cuanto más aprendía sobre Gordon, más me daba cuenta como él había desarrollado todas sus habilidades especiales desde la misma perspectiva simple de los Cinco Principios. Incluso él enseñó el tema de Escribir en Inglés usando los mismos términos. Durante todo este tiempo, nunca me pidió que abandonara mis propios caminos, o que cambiara mi perspectiva, sino que simplemente el guiaba con el ejemplo.

Eventualmente, comencé a aplicar los principios de "Go-Tao-Chi" --el nombre que él llamaba a los cinco principios en esos días--a mi propia escritura, la práctica del Tai Chi, otras actividades de deportes (es decir, tenis, golf) y los intereses personales (súper-comunidades saludables y prácticas relacionadas con la salud). Para mi agradable sorpresa, la aplicación de estos principios siempre funciona muy bien. Al revisar las razones, me di cuenta que la perspectiva de los Cinco Principios tiene algunos de los mismos ingredientes que comúnmente fueron enseñados en el pasado por maestros y grandes profesores de muchas disciplinas variadas. Yo me considero un buen estudiante, y como estoy acostumbrado a la práctica del tai chi (que comencé desde 1972), déjeme usar el tai chi como un ejemplo para demostrar como los Cinco Principios están relacionados con mi propia experiencia.

En la práctica del tai chi, es muy importante tener en cuenta la esencia y el razonamiento detrás de las lecciones.

Los dos principios Conocimiento - Principio #1 y su Beneficio - Principio #4 están muy relacionados, y como cualquier actividad humana, debe ser actualizado para adaptarse a las circunstancias cambiantes de cómo y por qué esta forma se practica (Forma - Principio #2 y 5 Armonía - Principio #5). Por ejemplo, en el pasado, cuando la práctica del tai chi estaba en su apogeo; era como defensa principal en artes marciales con beneficios para la salud como un objetivo secundario. En el entorno actual, los beneficios de la salud se utilizan a menudo como razones primarias para las personas a estudiar el tai chi y otras habilidades relacionadas. Desde que la aparición de "Qigong" Chino comenzó en China a finales de los '70's; el "Conocimiento" de varios estilos de Qigong Chino, con un poco de sus sorprendentes "beneficios" de salud, necesita reincorporarse para actualizar la práctica moderna de tai chi.

Iniciado en 1992, he tenido la oportunidad de estudiar Qigong Chino, enseñado por el Dr. Yan Xin. Yo había asistido a 3 de los Talleres principales (#3, #8 y #24) y muchas otras actividades de grupo. Fue en el Taller #24; el Dr. Yan Xin enseñó el popular #24 Pasos del Estilo Yang Tai Chi con la exclusiva técnica Qigong agregada, la cual me abrió la mente en la práctica del Tai Chi. (Nota: Hay muchas variaciones del Estilo Yang Tai Chi. Por ejem- plo, en el simplificado Estilo Yang, que se hizo estándar en China y que se practica ampliamente hoy en día, hay 24 movimientos). Con el método agregado de Qigong, el estándar del Estilo Yang de Tai Chi se puede ejecutar más elegante, uniforme, y con mucho más tiempo (de los 5-10 minutos acostumbrados, a más de 30-60 minutos o más). Esto es una reivindicación que, mediante la adición de nuevos ingredientes, las artes marciales tradicionales pueden ganar una nueva vitalidad, lo que mejorará su dinámica. Esto coincide con el "Go-Tao-Chi" Principio #2 - El Principio de Fluir. En el Principio de Fluir, es descrito como "chi, movimiento de energía." Mi comprensión del "Principio de Fluir o Movimiento" es que es un proceso dinámico, o un "proceso en constante evolución," donde la evolución nunca termina. También hace hincapié en que el movimiento, la acción y la motivación son todas perspectivas diferentes del mismo principio básico. En otras palabras, cómo nos movemos, a qué velocidad nos movemos, por qué nos movemos (o no nos movemos), todos se derivan del principio básico de fluir.

En el pasado, los movimientos de Tai Chi se han enseñado por los maestros paso a paso, a lo largo de los años. Un "sistema de Tai Chi" incluiría boxeo con las manos descubiertas (Tai Chi Chuan), prácticas de combate (empuje de manos), así como armas tales como el Tai Chi con espada, el Tai Chi Dao (cuchillo grande), Tai Chi con bara, Tai Chi con abanico plegable, etc. Cada uno de los subsistemas tendrá sus formas particulares que requerirán práctica de toda la vida para que sea considerado "adecuado o correcto," siempre teniendo en cuenta las grandes lecciones que pueden ser aprendidas por el practicante. Eso es lo que "Go-Tao-Chi" Principio #3 - El Principio de la Forma habla al respecto. Para el propósito de este libro, nuestro ejemplo el Tai Chi se centrará en el boxeo con las manos descubiertas o Tai Chi Chuan (tomando en cuenta los movimientos básicos del cuerpo y la kinesiología) y el concepto general del chi como un sistema de fundación, con su aplicación e importancia a la medicina china.

Si se realiza un estudio sobre el Principio de Tai Chi, el Maestro que hizo Tai Chi popular al final de la Dinastía Chin y que fue muy instrumental en la documentación de los principios del Tai Chi, para los discípulos modernos de hoy es Chenfu Yang (1882-1935).

Vamos a examinar algunos de los principios del movimiento del Tai Chi de la escritura del Maestro Yang (extracto de La Aplicación Tai Chi Chuan con Diagrama publicado por Cinco Continentes, Taipei Taiwán 1984, pp12): "En cualquier movimiento, asegúrese de mantener la ligereza y la agilidad de todo el cuerpo, el Chi necesita estar disponible; el espíritu mantiene el enfoque internamente; sin vulnerabilidad, ni cóncavo, ni convexo, ni rotos, o paros de movimientos. La raíz (de movimiento) es de los pies, transportada a través de las piernas, gobernada por la cintura y completada por las manos y dedos. De los pies a las piernas a la cintura, el movimiento es completamente integrado. Uno va a obtener ventaja cuando se mueve hacia delante o hacia atrás. Cuando se pierde la ventaja, la raíz más probable que lo causa, es o bien en la cintura o las piernas. Movimientos de todas las direcciones (arriba / abajo / adelante / atrás / izquierda / derecha) es basado en este mismo principio. Todos éstos se derivan de la intención que está interna a uno mismo ..."

"Basado en estas descripciones, los movimientos típicos del Tai Chi están diseñados para obtener ventaja disimulando la verdadera intención del blanco final. Por lo tanto, continúa diciendo: "Cuando usted ataca a la parte superior, el blanco verdadero puede ser la parte inferior; lo mismo es con la izquierda / derecha. Cuando se desea levantar al oponente, presionándolo deliberadamente, usted ha inducido al objeto a contrarrestar la fuerza de presión, de este modo perdió su propio centro de gravedad, que es la clave para ganar ventaja. Siempre distinga las posturas (sólida versus sólida parcial, es decir, la postura del caballo versus la postura del gato), no importa dónde o qué parte de su cuerpo está siendo involucrado en acción. Su cuerpo entero está totalmente vinculado, no hay área rota en lo absoluto."

Cualquier practicante de Tai Chi puede apreciar los principios de movimientos anteriores de Tai Chi que son evidentes en muchos aspectos de la enseñanza y práctica del Tai Chi. Estos son los fundamentos, que son la "Forma" básica para el "Go-Tao-Chi" Principio #3 - El Principio de la Forma. Con cada uno de los pasos individuales de Tai Chi Chuan (posturas y técnicas en Cinco Aves Tai Chi), necesitamos seguir estos principios para ser fiel a los movimientos de Tai Chi y así ser capaces de llamar lo que están haciendo "meditación en movimiento."

En los últimos cientos de años, el Tai Chi como una rama de las artes marciales ha evolucionado bastante en la versión simplificada y estilos de hoy. No hay duda de que seguirá evolucionando, cambiando y adaptándose a las generaciones actuales y futuras. El carácter de su adaptabilidad con el tiempo es precisamente lo que el "Go-Tao-Chi" Principio #5 pide - el Principio de "Armonía o Adaptabilidad." Ya que, los mejores sistemas (de artes marciales, gobiernos o técnicas de enseñanza) son aquellos que no están estancados o restrictivos y que pueden ser dirigidos hacia los objetivos en constante cambio.

Nota Biográfica: Edward Tao nació en 1950 en Taipei, Taiwán. Él vino a los Estados Unidos para su estudio de postgrado en 1976, con una Maestría en Ingeniería Industrial en 1978 de la Universidad de Auburn, y más tarde en 1983 un título en Administración de la Universidad de Toledo. Durante la mayor parte de sus carreras profesionales, Ed ha estado trabajando en la Industria de Producción de Automóviles como un consultor de calidad (Omnex, Consultor de Apex), Director de Calidad (Ultra Motor, Arvin Meritor, Dana), Gerente de Calidad de Proveedores (Automotor Tenneco) Gerente de Sistemas y Calidad, Producción / Gerente de Calidad, Ingeniero Superior Industrial e Ingeniero de Producción. Los intereses de Ed son: Artes Marciales, Qigong, Tenis, Golf, leer y via- jar. Este artículo fue originalmente escrito en su segundo idioma, el Inglés (la forma que ve aquí), y más tarde traducido al Chino.

EL SISTEMA DE LAS CINCO AVES

Por Rick Burgin

¿Cuándo es un estilo de artes marciales realmente un estilo? ¿Qué es lo que hace de un peleador un artista marcial? Y, ¿qué le llamamos a un estilo que es fundado exclusivamente en ideas? La respuesta a éstas y otras preguntas intrigantes están atrayendo a más y más gente a una forma bastante nueva, pero tradicionalmente enseñada y llamada, El Sistema De Las Cinco Aves.

Concepto de Entrenamiento

"Lo que me atrajo al Sistema de las Cinco Aves es la forma en que fui enseñado," dice Karl Goldschmidt, estudiante de tres años de Gordon Richiusa del Sistema de las Cinco Aves, artes marciales ecléctico, con un enfoque muy específico: Entrenar a los artistas marciales.

Para lograr esta tarea difícil, El Sistema de las Cinco Aves se enfoca en las necesidades individuales del estudiante, se reduce casi todo, hasta sus cinco componentes y hace hincapié en un método de enseñanza simplificada que llama Concepto de Entrenamiento. Esta forma de entrenamiento reconoce siempre, la Mente, el Cuerpo y el Espíritu, triángulo de la mayoría de las artes marciales. Pero, la mente y el cuerpo se consideran entidades separadas que pueden ser enseñadas e incluso progresar a ritmos diferentes. Aquí a los estudiantes se les puede interrogar los motivos POR LOS CUALES están aprendiendo una técnica, mucho antes de saber lo que la técnica ES.

"Me gusta la forma en que los estudiantes están constantemente desafiándose a sí mismos para responder las preguntas. Es como ser parte del experimento, pero ya tienes la solución. Las preguntas que uno hace y las respuestas que se obtienen a menudo son dadas fuera de orden." Por ejemplo, añade Karl, normalmente se nos pregunta, ¿cuántos? de esto, o cuántas partes hay de eso.

Se nos dice en nuestra primera lección de que la respuesta es casi siempre cinco. Por lo tanto, empezamos únicamente a dar la respuesta como robots. Finalmente, nos vemos obligados a pensar en las preguntas y entender el significado de lo que estamos diciendo."

Gordon Richiusa, director y fundador del Sistema de las Cinco

Aves admite que su método de enseñanza es tan antiguo como Sócrates, en que continuamente recibe la respuesta correcta del alumno, tanto física como mentalmente mediante la creación de un diálogo interno. "Esa es la parte tradicional de lo que yo hago. No tengo miedo de admitir que dependo mucho en lo que verdaderamente grandes pensadores y artistas marciales han dicho antes que yo. Es por eso que mis técnicas no se parecen, al Goju ryu tradicional que es la base del karate que enseño. Una persona que practica jiujitsu va a ver lo que hacemos y tal vez, lo llame jiu-jitsu. Una persona que practica kung fu ve similitudes con su arte, mientras que también he oído comparaciones de gente original- mente en Hap Ki Do, Kempo, Isshinryu e incluso en el Tai Chi."

Hay una razón para este fenómeno. El Concepto de Las Cinco Aves basado en la idea central de que todos los estilos tienen similitudes y que de las similitudes son de lo único que debemos preocuparnos. No es que todos los estilos son realmente lo mismo. Muchos de los estudiantes de Gordon, de hecho, han ganado rango, y llegan a él de otros estilos. Algunos han pasado a otras formas DESPUÉS de estudiar con Gordon. "Cada estilo hace hincapié en algún aspecto específico o concepto, pero todos están tratando de lograr los mismos objetivos, ya sea en defensa personal, auto-disciplina, autoconciencia o una combinación de estos. "Nuestro objetivo," explica Wes Cotton, estudiante de 15 años del Sistema de las Cinco Aves e instructor superior. "Como maestros de las artes marciales, es presentar ideas y situaciones de la manera más memorable y emocionante. Llegué a Gordon con experiencia en kenpo. El nunca tomó eso en mi contra, pero hizo hincapié en que, era una ventaja. Así que ahora, como maestro, si tengo que moverme de Goju y volver a una explicación que escuché en una clase de kenpo para presentar mis puntos de vista, eso está bien. ¡Gordon hizo lo mismo conmigo!"

El Sistema de las Cinco Aves utiliza como base, el estilo tradicional de Karate Okinawa de Goju Kai, pero también enseña una serie de armas, incluyendo Kyudo (arquería), bo y jo-do (técnica de bastón largo y corto), esgrima, shaken (estrellas de metal), shuriken (incluyendo hachas de guerra, dardos), y kenjutsu (manejo de espada), así como un número de artes de supervivencia (escalar, la identificación de plantas comestibles, y rastreo). El Sistema de las Cinco Aves ha estado alrededor por 25 años, pero sólo hace poco que Gordon ha comenzado a poner etiquetas en sus técnicas y métodos de enseñanza. "Gordon ha estudiado, obtuvo rango y enseñó en muchos estudios y estilos diferentes," explica Brian Wallace, un amigo y alumno de Gordon en los últimos trece años. "El ha estado en las artes marciales por 36 años, pero, siempre ha considerado sus métodos, únicamente como una forma de ense- ñanza, en lugar de un estilo propio."

Entre más y más gente comenzó a dedicar su tiempo a aprender lo que Gordon tenía que enseñar, el Sistema de las Cinco Aves comenzó a tomar forma. "Desde el principio de mi entrenamiento, conocí a varios otros profesores que tenían todos especialidades, que ellos querían compartir. Ninguna de las especialidades parecía tener mucho que ver con el karate, pero todas se mantuvieron firmes en convicciones similares. Más importante aún, cada uno de los maestros que he tenido en alta estima, tenía otras autoridades, mitos y leyendas que contaban y sometían. Después de un tiempo, las leyendas y las historias empezaron a convertirse en mis maestros, que era el punto central, creo yo. Se me dijo cómo este o aquel maestro había observado la naturaleza y dedujo principios científicos. Me dijeron que observara la naturaleza del mismo modo que hicieron los maestros. Al seguir este ejemplo, me convertí en parte de un panorama más amplio, mucho antes de que yo pudiera rendir a un nivel de eficiencia. Eventualmente, una trans- formación se produjo sin saberlo realmente. Todo lo que tuve que hacer fue confiar en mis maestros y someterme a la creencia de que el entrenamiento lo haría todo más claro con el tiempo."

"En El Sistema de las Cinco Aves," explica Gordon: "Entendemos que un estudiante debe ser guiado, casi engañarlo en el aprendizaje, ya que el resultado final es que aprender para internalizar la técnica requiere años de arduo trabajo. Casi nadie comenzaría tal recorrido si se le dice a él o ella que no podría explicar qué era realmente lo que iba a aprender y que el entrenamiento realmente nunca terminaría. Así que, para engañar al cuerpo, la mente se mantiene activa con frases fáciles de recordar, asesoramiento, cuentos, rompecabezas y preguntas. Esto le ayuda a mantenerla ocupada lo suficiente, para que el cuerpo la alcance. Entonces, nos aseguramos de que lo que creemos que es verdad, ES verdad, examinando los resultados en contra de lo que muchos otros que se han llamado a sí mismos artistas marciales han creído antes que nosotros. Cuando algo se comprueba, entonces se repite una y otra vez. Incluso utilizamos las mismas palabras una y otra vez, hasta que puedan ser recitadas y elaboradas." Todo el proceso, de acuerdo con Gordon no es nada más de lo que alguien debería esperar de una buena relación entre estudiante y maestro. Es por eso que el Sistema de Cinco Aves se le llama, el primer Estilo Orientado Para Estudiantes, y también la razón por la que toma libremente prestado de casi cualquier otro arte y ciencia.

Gordon explica, "que para ser un buen maestro, por supuesto, se debe conocer la asignatura."

"Pero también se necesita encontrar la manera de hacer que las lecciones sean interesantes y memorables. Puedo conseguir a cualquiera para que lance una patada perfecta ... por lo menos una vez. El truco está en lograr que sus mentes y sus cuerpos recuerden cómo hacerlo después y para el resto de sus vidas. Entonces, yo les dejo saber el secreto, que lo que realmente quiero hacerles ver es que al final, los puñetazos y patadas son habilidades muy limitadas. Si eso es todo lo que terminamos aprendiendo en una clase de artes marciales, entonces realmente hemos malgastado el tiempo."

¿Por qué Cinco?

El cinco es un número esencial en muchas formas de artes marciales (los cinco sentidos, cinco animales, cinco poderes, las cinco estrategias de Sun Tzu y las cinco posiciones de Miyamoto Musashi) y es el número para recordar en el Sistema de las Cinco Aves. Las cinco aves (águila, búho, halcón, buitre, cuervo) representan no sólo las características individuales, las estrategias y objetivos, pero son cada una, partes esenciales de la totalidad, y aún hay más.

"Al igual que los diferentes tipos de combates, las Cinco Aves, tienen todas diferentes formas de sobrevivir. Sin embargo, todas ellas tienen una cosa primaria en común. ¡Todas ellas vuelan! Todas son exitosas, aún dentro de sus limitaciones; todas tienen fortalezas y debilidades. El Águila es una metáfora de la técnica de agarrar, el Espíritu y la habilidad de utilizar nuestra vista. El Halcón representa la velocidad y la triangulación y tiene un gran Coraje. El Búho es un ave muy básica. Su supervivencia se basa en una Habilidad sencilla. ¡Se sienta en un árbol y espera que la cena llegue a ella! Un movimiento rápido y silencio es todo lo que necesita. Por lo tanto, también nos enseña acerca del camuflaje y el sentido del oído. Del Buitre aprendemos la humildad de un guerrero o el Honor, como utilizar múltiples armas y el sentido del olfato. El Cuervo representa la Adaptabilidad, la disposición de descartar la técnica. Es un ave que reúne todas las demás estrategias, pero nunca domina absolutamente ninguna de ellas. También es la única ave, que realiza sus verdaderas maniobras por pura diversión. Es mucha gente."

El Camino Hacia Que

Por lo tanto, ya que cada estilo de combate puede tener debilidades, el conocimiento de las debilidades puede ser muy valioso. Pero, ¿y qué de las similitudes? A lo largo de estas líneas, una de las primeras lecciones que se les da a los estudiantes de las Cinco Aves es una explicación de la palabra *dojo*. Al igual que con cada aspecto del Concepto de Entrenamiento de las Cinco Aves, toda la información es de igual importancia y todas las artes son tratadas con el mismo respeto. Sin embargo, detrás de cada poquito de entrenamiento, hay un concepto subyacente, más grande, que está tratando de alcanzar al estudiante. A veces, ni el maestro sabe cuál es el concepto más amplio. Siempre y cuando el estudiante se acerca al entrenamiento con una mente abierta, cuerpo y espíritu, entonces el marco del esclarecimiento ya está construido y en su lugar. Las lecciones están a nuestro alrededor. Todo lo que tenemos que hacer es desenredar su significado. Gordon dice que, "puede ser un problema obsesionarse con las definiciones." "He estado en numerosas conversaciones acaloradas acerca de si yo he estudiado Goju Ryu o Goju Kai. Los profesores pueden realmente obsesionarse en tecnicismos. Y digo, ¿qué diferencia hay?"

En el caso de la palabra, *dojo*, Gordon tuvo esto que decir: "La traducción literal de la palabra "do" denota una cosa como El Camino. Karate-do es el camino a través del aprendizaje de karate, o técnica de la mano vacía. Kendo, es el camino de la navaja. Budo es el camino del guerrero. El sufijo "jo" es una palabra que designa un lugar. Así que, *Dojo*, literalmente significa, el lugar de la forma o el lugar donde uno va a aprender El Camino. La pregunta casi siempre surge en este punto, ¿El camino hacia QUÉ? "Si un estudiante hace esta pregunta, entonces yo sé que tiene potencial, porque él está usando su mejor arma ...su cerebro. Si él o ella no hacen esta pregunta, yo la pregunto por ellos." Es muy valioso en el Sistema de las Cinco Aves, entender la importancia de las "cosas pequeñas" ya que, la capacidad de responder a las preguntas, en esencia, es el punto de división entre lo que denota un arte marcial de eso que es simplemente la técnica de pelear.

Por lo tanto, lo más fundamentalmente importante para un estudiante saber, acerca de un estilo al que está pensando dedicar años de estudio es, Si este camino lo conducirá a algo, o si sólo va a aprender acerca de combate. "Si alguien quiere aprender a pelear, le recomiendo ir a un barrio difícil y que empiece a buscar peleas. De esta manera, si sobrevive, APRENDERÁ a pelear. También me ahorraría mucho tiempo y la persona un poco de dinero, y probablemente obtendrá unas cuantas cicatrices y malos recuerdos."

Simplemete, la idea es que entrenamos en artes marciales, con diligencia, porque estamos realmente tratando de lograr esclarecimiento y entendimiento especial. Hay muy buenos peleadores por ahí, quienes en realidad NO son artistas marciales. ¿Por qué? Es porque no hay alma, no hay sentido en su entrenamiento. En mi método, comenzamos con la intención de iniciar una trayectoria ... El Camino. Si ese deseo no está allí, entonces el alumno debe ir a otro lugar a estudiar. Yo no enseño a pelear, a pesar de que una buena técnica de lucha será sin duda subproducto de este camino. Enseño en la misma forma tradicional que a mí me enseñaron. Yo enseño las artes marciales como una forma de mejorar un punto de vista o propósito. Cualquier intento en este sentido puede lograr el mismo beneficio. Ni siquiera tiene que ser un arte marcial. Pero, las artes marciales son las que yo sé, por lo tanto está en el centro de lo que yo enseño.

Cualquier Cosa Es Mejor Que Nada

Uno de los conceptos más importantes en el Sistema de Las Cinco Aves es *cualquier cosa es mejor que nada.* Para demostrar la aplicación de este principio Gordon utiliza una serie de métodos, pero uno de los más coloridos y memorable es cuando el ata a un nuevo estudiante y luego le dice que escape. El dice que por lo general, el estudiante sólo se queda pasmado y dirá que no puede, porque nunca se le ha enseñado CÓMO escapar de un enredo de cuerdas. Gordon, o uno de los otros profesores de Cinco Aves, dirigirá al estudiante a que "Piense en esto por un momento" y le enseñará cómo salir de las ataduras, mientras que le lleva a través del proceso que necesitará para perfeccionar en el resto del entrenamiento. Frases que podría escuchar durante este proceso serían las siguientes:

1) ¿Qué está tratando de lograr? Siempre mantenga la vista en su objetivo.

2) Hay fortalezas y debilidades en nuestro rival y en nosotros mismos.

3) Si la cuerda es su contrincante, ¿cuáles son los defectos en la oposición?

4) No olvide, cualquier cosa es mejor que nada.

"Todas nuestras lecciones están dirigidas a hacer un punto de vista. En el caso de atar a la persona, el punto se logra al dirigirlo en lo que debe hacer después. Porque, en realidad, los puntos pequeños o conceptos, son a lo que todas las artes marciales se refieren. En el caso de las cuerdas, podemos ver precisamente lo que estamos tratando de hacer es quitar las ataduras. En un sentido, la oposición es simple. No importa que tan enredadas las cuerdas pudieran parecer, en realidad sólo hacen una cosa. Las cuerdas son una especie de metáfora física para los estilos que piensan que tienen el secreto. Con las cuerdas, hay defectos en cada lugar que ha- cen contacto con usted. Cuando está atado con una cuerda larga, lo único que tiene que hacer es aflojar un solo lugar. Al hacer esto, el resto de la cuerda también afloja. Pero, si no hace nada en lo absoluto, entonces las cuerdas siguen apretadas. Usted realmente no tiene que saber CÓMO luchar contra las cuerdas. Cualquier movimiento finalmente las aflojará. En este caso, cualquier cosa, es mejor que nada. Una y otra vez, enseñamos cómo este tipo de actitud va a marcar la diferencia entre el éxito y el fracaso."

El Cerebro Es La Mejor Arma

Este otro concepto fundamental de las Cinco Aves tiene dos aspectos principales. Para ilustrar el primero, Gordon entretiene a los estudiantes con una historia que tiene que ver con él cuando entró en la escuela secundaria. "Fui a una escuela realmente difícil de razas mixtas y, por desgracia, muy volátil. Todo el mundo estaba buscando problemas. Y, esto fue en el tiempo cuando las pandillas y los grupos se hacían necesarios para sobrevivir. "En el primer día de clases, un gran grupo de muchachos que Gordon describe como, "unos treinta en número," rodearon a cada muchacho nuevo que caminaba hacia la escuela. "Yo fui uno de esos chicos desafortunados, y de repente me encontré rodeado de treinta oponentes, pidiendo mi dinero para el almuerzo y amenazándome con hacerme daño físico. Yo había estado entrenando en karate por varios años y pensé que era bastante bueno. Pero, en lugar de pelear, por suerte, tuve un momento de verdadera sabiduría y un tipo de estrategia totalmente diferente vino a mi mente. ¡Empecé a recitar Shakespeare! Hice una escena de Romeo y Julieta, que divaga sobre el amor y termina con la frase: *¿Qué es lo otro? Una locura más discreta, hiel que asfixia y un dulce preservar, adiós mi prima.* Y, utilice esa oportunidad para caminar por el medio de ellos y escapar. Nadie se movió, estaban fascinados y perplejos por mi actuación."

La historia continúa en que al día siguiente, el vio la multitud reunida de nuevo, lista para rodearlo, pero en lugar de pedirle dinero, alguien gritó. *¡Eh, es el chico loco! Haz un poco mas de Shakespeare para nosotros.* "Tuve que aprender muchas escenas de diferentes obras, pero no le di mi dinero del almuerzo a los ladrones.

"Con el tiempo, llegué a ser un miembro honorario de varios clubes diferentes. Era una especie de mascota, como el tonto del pueblo. Era tabú molestarme, porque yo era demasiado extraño."

¿Qué obtuvo Gordon de todo esto? "¡Estar dispuesto a abando- nar la técnica! La creatividad es su propia recompensa y hay un poder particular en las palabras." "Más tarde, este tipo de pensamiento se convirtió en una de las cinco estrategias básicas para superar a un rival: Cambié El Juego y llegué a ser el centro de interés de Gordon en la escritura creativa.

Esto también se refiere a un error común en muchos estilos, Gordon, le llama ser un Arma Estúpida. Todos aprendemos a aceptar la premisa de que el conocimiento es poder. En una confrontación directa de -- uno a uno, -- la verdad es que esta declaración puede tomar un significado inmediato y tangible, aún en algo tan simple como hacer un puño. "He escuchado gente destrozar a los luchadores de Tae Kwon Do como ineficaz, pero he conocido a algunos combatientes de ese estilo muy eficaces. También he visto a gente deslumbrarse con patadas que fácilmente podrían ser bloqueadas, SI el defensor sólo hubiera visto esa patada antes."

En otras palabras, la gente suele olvidar exactamente lo que están tratando de lograr y concentran su atención en el área equivocada. Esto es cierto cuando las manos están vacías o cuando están deteniendo algo, pero el principio es el mismo. No se confíe en cualquier arma y no trate de jugar el juego de otro. En medio de la lucha no es el momento adecuado de dejarse impresionar con la altura de las patadas de su contrincante, o el hecho de que él tiene un cuchillo y usted no. Concéntrese en pelear contra la persona y esté dispuesto a "soltar su espada," como Musashi lo dijo. Si usted tiene un arma favorita y lo vuelve inútil, usted necesita un segundo plan. Dese cuenta de que un atacante que sacude sus armas en contra suya, está tratando de usar el factor amenaza y su ignorancia a favor de él.

¡Muchas veces, si usted puede empujar y tirar el arma de una persona, o simplemente tomar el control de la misma, esa persona va a concentrar todos sus esfuerzos en la recuperación del arma! Eso es ser un arma estúpida. "El arma no puede hacerle daño. Si usted es atacado, utilice su mejor arma y luche contra la persona, con las armas que tenga disponible."

El Conocimiento De La Defensa

Así que, ¿cuál sería el resultado final del entrenamiento de las artes marciales, de acuerdo con el Sistema de las Cinco Aves? Cuando la gente pregunta, "¿el Camino a Qué?" El Sistema de las Cinco Aves tiene una respuesta moderna lista para dar: El Conocimiento de la Defensa es parte de una Estrategia de Vida con Exito.

"El Conocimiento de la Defensa es un concepto basado en el entendimiento de que todos los estilos, así como cada individuo, tiene fortalezas y debilidades. Por lo tanto, el único conflicto que una persona puede garantizar que va a salir de este victorioso, es el que nunca tiene que pelear. También trata con la diferencia entre la paranoia y el Conocimiento Aplicado, uno de los principios básicos del Chi."

Descubrir su Estrategia de Vida con Éxito se basa en la creencia, en primer lugar, de que existe. También hace hincapié en que tener éxito realmente significa mucho MÁS que solo obtener más que la otra persona. Para encontrar la respuesta en nuestras propias vidas sobre lo que es el éxito, nos fijamos en lo que toda la gente está tratando realmente de obtener. La respuesta es la Felicidad. Dice Gordon que, "no importa lo que la gente puede estar tratando de lograr, todo se reduce sencillamente a la felicidad." "Y, hay una diferencia entre la felicidad y el placer. La felicidad es un simple y básico objetivo humano que nos sostiene a través de toda la vida. El placer es breve y superficial. Eso no significa que la felicidad no puede tener momentos de placer. Pero, si nos esforzamos por el placer, entonces lograremos ese objetivo superficial. Una Estrategia de Vida con Éxito es un plan que es fácil de seguir, por lo que NADIE tiene que sufrir."

Cada estilo tiene también algo más en común; fortalezas y debilidades. Ningún estilo es mejor o peor, que la dedicación a la perfección del practicante o de su habilidad para llevar a cabo sus estrategias. El Sistema de Las Cinco Aves enfatiza la interrelación de las cosas, las leyes naturales y la geometría.

Por ejemplo, cuando un maestro de Cinco Aves le muestra una técnica, nunca se detiene allí. También le muestra alternativas y variaciones, así como las debilidades y fortalezas de la técnica.

"Después de todo, alguien puede utilizar esa técnica en usted algún día. ¿Entonces qué?"

Hay al menos dos perspectivas desde donde ver cada conflicto. No sólo necesita saber sus propias posibles opciones en una situación, sino tomar una decisión adecuada en seleccionar una estrategia, también debe tomar en cuenta lo que su contrincante es capaz de hacer. Gordon dice que, "el conocimiento se convierte en poder en todo momento." "Si yo sé que el puño de mi rival no está lo suficientemente apretado para hacerme daño y en realidad yo le puedo causar a el daño, entonces, en lugar de bloquear, yo preferiría dejar que su puño me pegue. El conocimiento de un buen puño sobre uno malo puede ser la ventaja en este tipo de enfrentamiento."

Lo qué trata de hacer el Sistema de las Cinco Aves es reducir las cosas a su esencia, hacer un impacto con la enseñanza y las técnicas, permitiendo así que el espacio individual experimente y crezca. De esta manera, el Sistema de Cinco Aves es simplemente una manera de enseñar los principios más grandes de las artes marciales en general. Entonces, el enfoque es quitado de las técnicas y se centra en ayudar al estudiante a convertirse en la mejor persona que puede ser en todas las situaciones imaginables.

Cinco Partes Técnica De La Defensa Personal

No importa cuál sea la técnica que haga, siempre hay cinco partes que se deben lograr. Por cierto, Frank Dux tiene su sistema FASST, que hace hincapié en estas medidas y el término FASST es un acrónimo de su sistema. Ya que yo era un estudiante de Frank Dux, por muchos años, no era raro que hubiera esta coincidencia. Así que, en las Artes Marciales de Cinco Aves decimos en primer lugar, que usted deberá Defenderse; a menudo esto se logra bloqueando o desviando el ataque inicial. Segundo, decimos que debe *bajar su centro de gravedad.* Tercero, para una defensa exitosa, el defensor debe Separarse. Este es el momento en que el defensor paga con la misma moneda al atacante, ya no aceptando el papel defensivo. En cuarto lugar, hay un momento en que debe Tomar el Control y por último, está el Final. Este es el momento en que sabemos que el ataque inicial ha sido anulado y ya no es una amenaza, es el momento en que ha terminado.

"Incluso en un bloqueo básico y técnica de contra ataque," Gordon explica que, "si usted va a tener éxito y hacerlo bien, debe defenderse. Su centro de gravedad se baja cada vez que usted entra en una buena postura, y AÚN caer correctamente ES una técnica de autodefensa, porque hay una participación activa. También debe invertir el papel de víctima / agresor. Eso es lo que llamamos una separación.

"Esto podría ser tan simple como sujetando al individuo, gritando o golpeando. Sin importar, que esto cambia el aspecto de un ataque. Muchas veces, estas tres primeras partes vienen exacta- mente al mismo momento. Entonces, el punto llega cuando usted tiene el control, ya sea sujetando, usted ha rebasado al otro o su ataque inicial ha sido eficaz. Ahora, usted decide cómo terminar el ataque, o una nueva situación surge, como un segundo golpe, todo el proceso comienza de nuevo."

Los artistas marciales y los estrategas de la antigüedad no inventaron sus estilos e ideas al azar. Ellos observaron la naturaleza y el lugar del hombre en el esquema de las cosas. Las habilidades que ellos aprendieron demostraron ser efectivas en alguna manera. Ellos hicieron lo que hicieron, y dijeron lo que dijeron, debido a las condiciones que se les presentaron al momento del entrenamiento. Algunas personas se burlan de la técnica tradicional, pero no importa cuán diferente tratamos de creer, que nos hemos convertido, básicamente seguimos siendo los mismos seres humanos.

Nuestras manos y pies todavía se mueven en la misma forma y nuestro universo se compone de sólo dos formas geométrica ... las líneas rectas y las curvas. Yo creo que las leyes de Newton y Einstein tendrían sentido para los antiguos, si hubiéramos podido explicarles esto. La teoría de conversión de la energía de Einstein, de masa y velocidad es verdadera ahora, como lo fue ANTES, sabíamos lo que significaba. La cantidad de energía que una cosa, un arma, un puño, un pie pueden generar, está basado en la velocidad y la masa. Mover algo muy pequeño, pero lo suficientemente rápido, puede generar una gran energía. Las palabras de los antiguos maestros, para mí, son como los libros en una gran biblioteca oral. Los libros no van a una biblioteca, porque no tienen valor, y los maestros no enseñaban o aprendían, técnicas sin valor. Si mi- ramos todas las perspectivas individuales y técnicas en esta gran escala, ¡entonces hay algo valioso que aprender de cada persona dispuesta a decir lo que piensa! Esto es especialmente cierto, si nos dicen POR QUÉ lo piensan."

LOS CINCO PRINCIPIOS DE LA PRÁCTICA EMPRESARIAL CON ÉXITO

Por Steve Galvanoni

(Nota: Esta información se ha difundido, en forma más o menos detallada para cada cliente de ETC. La siguiente información tam- bién constituye la mayor parte de muchos de los talleres de Steve Galvanoni sobre el éxito en los negocios. Nos gustaría con gratitud especial, reconocer al Sr. Galvanoni por compartir este valioso relato con nosotros).

En la Visión del Negocio de ETC, existe lo que se llama **Impulsores de Negocio**. Estos incluyen *Fortaleza Financiera*, que se relaciona con el *Crecimiento* (Ingresos y Rentabilidad), *Expansión* (Fusiones y Adquisiciones), *Rendimiento Operativo (SG&A)*, y *Minimización de Riesgos*. Otro Impulsor es el *Portafolio de Producto.* Con el Portafolio de Producto tenemos *Competencias Centrales* (Productos y Servicios), *Conocimiento de Marca* (Identificación con una Marca Comercial, La Competitividad del Servicio al Cliente), y *Desarrollo de Productos Nuevos.* Otros impulsores que necesitan consideración son *Los Conductos de Entrega*, que incluye el *Servicio de Grupo de Operaciones Compartidas*, *Instalaciones y Operaciones*, *Servicios Electrónicos* (e y c), *Centros de Atención y Servicios al Consumidor y Clientes de Negocio.* El impulsor de negocio final es *Servicios al Consumidor con la Proposición de Valor al Consumidor*

(Cuota de Mercado), *Mercadeo / Publicidad*, y *Servicio al Miembro de Capacidad de Receptividad.*

Mientras nos enfocamos en los impulsores de negocios, también se debe considerar los Impulsores de la Información Tecnológica, ya que la Información Tecnología es una dinámica que puede afectar el éxito de la operación. **Sin entrar en detalles, las cinco consideraciones esenciales son listadas como: Personas, Producto, Proceso, Plataforma y Socios.**

La perspectiva que utilizamos se llama Sistemas de Información Estratégica de Planificación, Solución y Enfoque. Primero es el Nivel de Evaluación de Empresa, donde es hecha la pregunta: "¿Dónde estás hoy en día?" Segundo, aplicamos una Definición de Solución Estratégica, que ultimadamente, teniendo en cuenta sus fortalezas y debilidades, sus bienes y pasivos, se hace otra pregunta: "¿A qué se debe parecer usted?" Tercero, después de analizar la situación y determinar lo que está ultimadamente tratando de lograr, ETC le ayudará a tomar una Solución de Selección de Entrega, que básicamente hace la pregunta final. "¿Cuál es su mejor solución y cómo se llega ahí?"

Mi nombre es Steve Galvanoni, soy CEO de ETC. Anteriormente estuve 25 años o más en mi carrera de negocios asociado con códigos de barras, digitalización y los sistemas de computación móvil. Mi experiencia en el negocio me ha permitido comprender los Cinco Principios de esta manera: El primer principio es el Conocimiento

Aplicado, que tiene que ver con responder a la pregunta: "¿Qué quiere usted lograr?" Yo estaba involucrado en las etapas iniciales de la invención del código de barras y lo que nosotros queríamos lograr era con los fabricantes de comestibles de América y el Instituto de Supermercado, que es un sistema único de marcar los productos empacados que permite la rastreabilidad y la capacidad de escaneo de estos códigos de barras particulares, para el propósito de información. El segundo principio es el de Beneficio. En este caso hemos querido proporcionar información que podría ser de beneficio para el minorista o el sistema individual, así podríamos ver movimiento en ciertas categorías en el ***s*** supermercado, único para ese artículo particular. Hubieron muchas maneras de lograr la recopilación de esa información conforme pasaba el tiempo, que trata de nuestro tercer principio para ***m***. Empezamos con la simbología del código de barras que se asocia con la recolección de datos y nos movimos a varios tipos de códigos de barras diferentes, incluyendo el código UPC, a un código de barras 2 D. Hoy en día, así como con RFID o la tecnología de etiqueta, esto proporciona una cantidad significativa de información sin intervención humana. También tomamos en cuenta, como con el Principio de Fluir, que el Universo de los Negocios no se está quieto, pero está en continuo movimiento. Eso es muy cierto ya que está relacionado a la tecnología de escaneo móvil y códigos de barras. Si miramos al pasado a la Ley de Moore con la formación de Intel, usted verá que la memoria para los dispositivos está gradualmente aumentando significativamente en un corto período de tiempo. También usted verá que, sólo por el ejemplo de los diferentes tipos de metodologías del código de barras, estas tecno- logías han avanzado significativamente. Por último, pero no me- nos importante, estamos viendo a la armonía o el equilibrio de toda la tecnología. Esto es muy importante, porque cuando se aplica la tecnología a las personas, usted debe disponer de tecnologías que sean fácilmente comprensibles, de modo que puedan ser adaptables. En el mundo actual, la intermediación de los teléfonos inteligentes y otras tecnologías que le permiten obtener información al instante, en cualquier momento, en cualquier lugar, a cualquier persona, dondequiera que se encuentre, casi en un segundo de tiempo real tiene la respuesta, sin duda ha hecho del mundo un lugar más pequeño para vivir desde el punto de vista de la comunicación.

En mi opinión, lo que vamos a ver en el futuro es la continua evolución de este tipo de tecnologías que será desplegado rápidamente para mejorar y proporcionar una mejor información a los empresarios a tomar decisiones informadas en una naturaleza en tiempo real.

El mundo de hoy se mueve rápidamente. Estamos constante- mente bombardeados por la información y el desorden diario, a cada hora, minuto a minuto, segundo a segundo, con nuevos sistemas de entrega y tecnologías, tales como teléfonos celulares, mensajes de texto, Twitter y otros medios de comunicación social. ¿Se acuerda de las primeras tecnologías que produjeron este cambio? Fueron los localizadores.

Pero, al menos con los localizadores todavía se tenía suficiente control sobre la situación para ignorar una llamada si así lo quería, hasta que estaba listo para responder a esta. Creo que con la rápida evolución tecnológica, se está creando problemas sociales e interrupciones durante el tiempo que nos pone sobre aviso para el trabajo o compromisos sociales, las veinticuatro horas del día, siete días a la semana. En mi opinión personal esto no es saludable. Tiene que haber momentos en los que, como individuos seamos capaces de alejarnos de todo, apagar los dispositivos, incluyendo televisores y solamente pensar, relajarse y hacer lo que queremos hacer, sin estar atados a un dis-positivo o responsables de dar a alguien una respuesta inmediata. Si usted considera lo que quiere en la vida, que es éxito o significado. Es de suma importancia determinar qué es lo importante en la vida, y cómo va a vivirla. Cuando usted haga un plan, estructúrelo de una manera que cumpla con sus metas y objetivos y determine si desea éxito o significado. Creo que usted puede tener ambos, pero el éxito tiene que ser en moderación.

Una versión en video de Steve Galvanoni

La declaración aparece como un

Mensaje En Una Botella, en YouTube y

www.vision-revision.pbwiki.com

LOS VALORES CONSERVADORES Y LOS CINCO PRINCIPIOS DE TODO

Por Dana Stamos

Yo me considero una *conservadora* basada en mi adhesión a los siguientes principios orientadores: Respeto la Constitución; respeto la vida humana; creo en Gobiernos pequeños y creo en la responsabilidad personal y el rendimiento de cuentas. Se me preguntó có- mo sentía el adaptar los Cinco Principios de Todo a mi punto de vista conservativo.

Los Cinco Principios de Todo, son difíciles de tratar porque son muy amplios y lo abarcan todo.

Por motivo de enfoque, se los defino para este artículo como:

• El Principio del Conocimiento - La forma de pensar y sentir acerca de algo afecta nuestras acciones.

• El Principio de Fluir - Lo que nos mueve motivará nuestras acciones.

• El Principio de la Forma - Hay diferentes maneras de lograr la misma meta.

• El Principio del Beneficio - ¿Lo que hemos elegido para hacer cumple nuestra meta, o tiene una recompensa?

• El Principio de la Armonía - Si no estamos logrando nuestra meta, o si alguno de los principios están siendo violados, ¿podemos cambiar lo que estamos haciendo o debemos cambiar la meta?

Habiendo crecido en un hogar conservador muy activo políticamente. A menudo, yo era el tema de comentarios negativos sobre los conservadores por otros de diferentes tendencias políticas. Uno de los comentarios que he escuchado más a menudo es "¿Los conservadores no se preocupan por la gente, sólo por el resultado final?" Al igual que con cualquier generalización, esto podría ser verdad acerca de cualquier persona de cualquier ideología política, y definitivamente no es verdad acerca de mí, o mis creencias conservadoras. De hecho, creo que mis puntos de vista conservadores encajan muy bien en el marco de los Cinco Principios de Todo.

Para el propósito de este artículo, vamos a elegir un tema, el bienestar social, y lo miraremos desde un punto de vista conserva- dor tradicional. Creo firmemente que uno de los más altos ejemplos de la conciencia humana se puede encontrar en el deseo de *servir uno al otro*. En pocas palabras, estamos aquí en la Tierra para "amar a nuestro prójimo como a nosotros mismos." Logramos esto por medio de la *forma* que nuestras acciones toman para demostrar un conocimiento de este objetivo universal. Sin embargo, por la misma razón, de la "manera" en que servimos no es tan importante como el conocimiento de que el servicio es importante. También debemos asegurarnos de que nuestro método de servicio e incluso la definición de este no violen ninguno de los otros principios básicos. Esto significa que, mientras queremos cumplir con las necesidades de otros, también puede ser que deseemos mantenernos responsables unos con otros, para ser los ciudadanos más productivos posibles. Es humanamente natural querer que otros *tomen responsabilidad por sus vidas,* tanto como *usted* siente tomar responsabilidad por *su* vida. Esto a menudo requiere "amor fuerte," que no es un concepto favorito para muchos de nosotros.

En virtud de la importancia que ponemos en el Conocimiento, que parece lógico si debemos amarnos unos a otros, entonces debemos de *conocernos* unos a otros. Sólo entonces podremos estar al tanto de las necesidades de los otros. Entonces, y sólo entonces, podemos responder con las acciones necesarias que realmente mar- carán la diferencia. "Dejemos que el hombre de las dos túnicas, comparta con el que no tiene ninguna, y el que tiene comida haga lo mismo."

En otras palabras, mientras que deberíamos preocuparnos por el bienestar de todos, el sistema actual de Asistencia Social no cum- ple con la prueba de los cinco principios. Dentro del sistema actual, algunos pagan los impuestos y su dinero va a Washington, DC. A menudo no vemos a dónde va el dinero, y por lo tanto, se puede hacer el de la vista gorda ante las necesidades de nuestros semejantes. No hay motivación inmediata y obvia para ayudar a aquellos que no vemos. Para aquellos que no ven el Panorama General, ya no es una responsabilidad el tomar medidas dentro de nuestra comunidad; ahora es la responsabilidad *del Gobierno*. (Nosotros no tenemos que estar Conscientes o ser personalmente responsables). Nosotros, como individuos y como familias, ya no somos "guardianes de nuestro prójimo." De este modo, la burocracia del bienestar social se convierte completamente impersonal y simplemente tira el dinero al problema, con resultados deficientes y poco o nada de rendimiento de cuenta individual (Sin Beneficio Duradero).

Dentro del marco del conservadurismo social, el gobierno pequeño significa que los dólares de nuestros impuestos permanecen dentro de las comunidades y se utilizan para ayudar a las personas dentro de nuestras comunidades. Cuando las ciudades eran pequeñas, esto era más fácil. Las personas que vivían en los pueblos se conocían entre sí y cubrían las necesidades del otro. Como conservadores, queremos ver que nuestro dinero de los impuestos

se gaste lo más cerca posible a nuestros hogares, que los fondos se mantenga en nuestros pueblos para ser utilizado por aquellos que conocen las necesidades de la gente de nuestro pueblo, y no sean enviados a Washington D.C. y repartidos por una burocracia sin la menor idea acerca de las necesidades de los barrios. Queremos participar en el proceso junto con nuestros vecinos, y poder estar involucrados, si el proceso se lleva a cabo en un lugar visible don- de vivimos. El problema es que también estamos viviendo en una *comunidad* mucho más amplia de lo que aparenta.

Sería bueno dar un paso atrás a la mentalidad de los pueblos pequeños donde los vecinos velaban unos por otros. Si nos preocupamos por nuestros vecinos, aquellos con los que en realidad hablamos diariamente, entonces estaríamos familiarizados con sus necesidades, y también con sus hábitos. Vamos a tener una relación con ellos y seremos tan responsables de ayudarles a que se conviertan en ciudadanos productivos y de ayudarles con la vestimenta y la alimentación. Nosotros no queremos jugar con los ma- los hábitos, sino que veremos a la persona y determinaremos cuáles son sus necesidades verdaderas. Si a una persona se le ofrece un trabajo y no lo toma, porque es más fácil usar los ingresos de los demás, nosotros sabremos esto y responderemos de acuerdo.

"(Si alguno no quiere trabajar, que tampoco coma)." Si una mujer constantemente tiene hijos fuera del matrimonio y no los puede mantener, necesita asesoramiento y no sólo darle un cheque de Asistencia Social. Esta propuesta requiere que los ciudadanos sean dedicados a ayudar a los demás dentro de nuestras propias comunidades y significa darles, no sólo los dólares de impuestos, pero nuestro tiempo personal y talentos para hacer una diferencia. A largo plazo, los beneficios son más altos, no sólo para los que reciben ayuda, pero para los que están dando la ayuda también.

Soy conservadora, y creo que mis valores conservadores tratan de promover un gobierno más pequeño, pero más grande de corazón, más responsabilidad y rendición de cuentas, y menos intervención de Washington. También creo que teniendo esta opinión sobre *cómo* llevar a cabo una meta universal - una que podría ser diferente de otras que se denominen diferentes - es de lo que se trata en Los Cinco Principios, encontrar un terreno común para resolver problemas y establecer el orden. Creo que la Constitución de los Estados Unidos de América, como los Cinco Principios, parece ser, más sobre la búsqueda de este equilibrio común que la discusión sobre nuestras diferencias.

El Principio del Conocimiento - Vemos el problema de cerca y personal.

El Principio de Fluir - Nos mueve a la acción por lo que vemos.

El Principio de la Forma - Encontramos las mejores soluciones para resolver los problemas.

El Principio del Beneficio - Nos aseguramos de que tenemos la solución más beneficiosa para todos.

El Principio de la Armonía - Cuando algo no está funcionando, estamos dispuestos a cambiar y buscar nuevas soluciones.

Dana Stamos es la editora de WorldWideDojo.com, USAdojo.com, y L&L Magazine. Sus escritos llegan a cientos de miles de lectores anualmente.

ESCRITURA DE OPINIÓN / EDITORIAL Y LOS CINCO PRINCIPIOS DE TODO

Por Russ Buchanan

Escribo acerca de la política...por *elección.* ¿Por qué un hombre relativamente bien ajustado se involucra en un negocio tan demente como la política estadounidense, es difícil para muchos entender - yo también me incluyo. Pero la política me enganchó cuando era adolescente y durante cuarenta años se ha negado a dejarme ir. Sin embargo, tan pronto como lo haga ... voy a hacer algo de mi vida.

Como un sabueso de la política, estoy a menudo en la posición de tratar de persuadir a los lectores que no están de acuerdo conmigo ver el "error de sus caminos." A menudo, esto es una diligencia tonta, porque la mayoría de las creencias políticas están determinadas por la visión mundial del lector y grabadas en piedra.

Pero de vez en cuando, mis palabras llegan al cerebro del lector y desprenden una o dos "verdades" firmemente sujetas, o por lo menos mis palabras consiguen que el lector reconsidere su posición. Esas cartas y correos electrónicos poco común, pero maravillosas, que admitían, "¡caray, yo nunca pensé de esa manera!" son como el maná del cielo para mí y me recuerdan por qué escribo sobre la política. Me dicen que mi forma de escribir puede hacer una diferencia.

Los escritos políticos son un negocio idiosincrásico. Desde el estilo muy conservador de George Will del *Post*, a la pirotecnia verbal del periodista fallecido, Hunter S. Thompson "*Gonzo*," de *Rolling Stones*, los estilos son tan variados como las personalidades de los escritores. Sin embargo, hay convenciones y métodos útiles para todos los escritores, sea cual sea su estilo. Los Cinco Principios de Todo es justamente esa ayuda.

Consultando los Principios eleva mi conocimiento del tema, mejora mi argumento y aumenta la posibilidad de hacerme entender por la oposición. Los Principios ayudan a aclarar argumentos; también separan lo delgado de la grasa, el ego de lo pertinente y lo tonto de lo serio. En otras palabras, usado como una lista de cinco puntos, los Principios me ayudan a preparar mi parte para el horario de máxima audiencia.

El Principio del Beneficio - Cuando me siento frente a la computadora para elaborar una redacción, es importante que yo entienda por qué estoy haciendo el argumento en primer lugar - o como el Principio del Beneficio dice, "¿y para mí que hay?" Si discuto para aumentar mi ego, dominar personalmente o humillar a la oposición, impresionar a todos con mi ingenio devastador o cualquier otra razón que para educar, transmitir opinión y / o tratar de persuadir, entonces mejor debería ir a tomar una siesta.

El Principio de Fluir - Desde que salimos del pantano, nos hemos estado contando historias unos a los otros. De hecho, la primera historia fue probablemente contada, por la primera persona que salió de ese pantano miserable. Como narradores naturales y oyentes, esperamos que la información se mueva, o *fluya.* Mis artículos están diseñados para llevar al lector en un pequeño viaje, con un principio, medio y final. Si he hecho mi trabajo bien, mi argumento no escrito en el epílogo será el movimiento de mis lectores - para votar, para contribuir con dinero o tiempo, o simplemente para decirles a sus amigos acerca de la nueva forma "iniciada" de ver al candidato o tema.

Los Principios de la Forma y la Armonía - La *forma* de mi argumento debe ajustarse - o estar en *armonía* con - mis lectores / audiencia. Por lo tanto, los principios de la Forma y la Armonía están inextricablemente ligados en mi escritura. Por ejemplo, las palabras y las referencias que utilizo al escribir para los lectores en general son muy diferentes de las que yo usaría para un grupo de activistas políticos.

Mi tono también debe estar en armonía con el tema en sí. Por ejemplo, me gusta inyectar un poco de humor en mi trabajo de vez en cuando - pero sólo cuando es *apropiado*. Lanzar un par de frases "divertidas" en un tema sobre el SIDA o la pena de muerte sería no sólo pasar de la seriedad de la materia, pero también me haría ver como un idiota con corazón de piedra.

Los escritores de la Opinión Editorial (Op / Ed) que mantienen un estilo único de escribir el riesgo, alienando a sus lectores, a escribir por encima o por debajo de su nivel de comprensión, escribiendo inapropiadamente o cometiendo el peor delito de todo: *Aburriendo* a todos.

El Principio del Conocimiento Aplicado - En la política, un pato no suele ser un pato. De hecho, ese pobre pato puede surgir como un gorrión o un pterodáctilo, dependiendo del giro. Es mi trabajo estar al *tanto* del punto de vista contrario, a batallar con todas las apariencias, la corrección política y el adorno redundante, para llegar a la *verdadera* razón por qué se siente de esa manera - y por supuesto atacarlo sin piedad. Sin ese entendimiento claro de *"la forma en que [ellos] piensan y sienten"* un asunto, cualquier esperanza de persuadir a los lectores se va por la ventana.

Los Principios en la Práctica - En la encuesta de Noviembre del 2011 el Centro de Investigación Pew encontró que los norteamericanos están divididos en partes casi iguales sobre la cuestión del matrimonio homosexual - un 46% a favor - el 44% se opuso. Así me gustaría formular una redacción sobre este tema dividido que ofrece entendimiento sobre los Cinco Principios de Todo en acción.

Conocimiento - Regla #1: Si la oposición es religiosa, olvídese. Nada de lo que pueda escribir va a cambiar la mente del lector. De hecho, lo que escribo sería sin duda interpretado como un ataque a su religión, haciéndome lucir para siempre como un siervo de Satanás y alguien que está equivocado acerca de todo.

Sin embargo, muchos se oponen al matrimonio homosexual por otra razón: Es simple, secular, variedad de jardín intolerancia. Aunque algunos realmente creen que el matrimonio homosexual minará el matrimonio y la familia tradicional, conduciendo a la poligamia y otras asignaciones aún más exóticas. Creo que muchos otros saben que no hay una pizca de evidencia que apoye estos temores y utilizan esas razones solamente como excusas convenientes para enmascarar la intolerancia políticamente incorrecta y el fanatismo, que sienten hacia la comunidad LGBT. En su mayoría, ellos no son el enemigo o gente mala; simplemente no entienden la homosexualidad y se sienten amenazados. ¿Estoy *consciente* de cómo mis lectores piensan y sienten sobre el matrimonio homosexual? Compruébelo.

La Forma y la Armonía - Cuando escribo sobre el matrimonio homosexual / y los derechos, *formo* mis argumentos para estar en *armonía* con este particular grupo de lectores. A pesar de que se oponen al matrimonio del mismo sexo, creo que su imparcialidad y el sentido común responderán positivamente al argumento de que la homosexualidad es un fenómeno no-elegido. Yo pregunto, "¿quién *elegiría* un camino tan difícil en la vida?" "¿De verdad cree que los adolescentes disfrutan ser golpeados después de la escuela o buscar con entusiasmo que llegue el día en que le van a decir a sus padres que no esperen nietos de ellos?" ¿Realmente va a castigar a este gran segmento de la población Americana por algo que ellos no tienen absolutamente ningún control? "Preguntas como éstas ponen la mentira en la homosexualidad como una travesura intencionada, haciendo alarde de nuestro código moral y apelo a mis lectores como seres humanos, justos y compasivos. Yo también podría centrarme en las emociones de mis lectores señalando los efectos nocivos de la discriminación y marginación, tales como el increíble alto porcentaje de suicidio entre los jóvenes homosexuales. Para los patriotas en el grupo, incluso puedo agregar en unas pocas palabras sobre la intolerancia, el ser antiamericano e inconstitucional.

Que mi trabajo sobre el matrimonio/y los derechos homosexuales, es responsable por esas gloriosas "aja" cartas de los lectores más que cualquier otra cosa, me dice, que mi *forma* ha estado en *armonía* con mis lectores en más de una ocasión. ¿Está mi *forma* en *armonía* con mis lectores y la materia? Compruébelo.

Fluir - Escribir sobre el matrimonio homosexual/ y los derechos. no presenta una consideración especial en relación al movimiento o el fluir. Como con todos mis escritos, me aseguro de que haya continuidad y que se mueva, con un comienzo, medio y final.

Por supuesto, espero que mi escritura mueva muchas opiniones de la columna "contra" a la columna "a favor." Pero, créame; yo estaría satisfecho con una pequeña nota de algún lector diciéndome que mi artículo le hizo reconsiderar su posición sobre el asunto del matrimonio homosexual. ¿Este escrito *fluye*? Compruébelo. ¿Está diseñado para *mover* a mis lectores? Compruébelo.

Beneficio - El asunto de los derechos homosexuales pone mi presión arterial en la estratosfera. En mi humilde y muy parcial opinión, la injusticia misma de la negación de derechos a un grupo grande de estadounidenses basado en su orientación sexual es cruel, de mentalidad cerrada, y muy anti-americano. El beneficio personal que espero que se derive de cualquier escrito que hago sobre el tema podría ser el conocimiento que me ayudó a poner fin a una enloquecedora e inmoral discriminación, y ¿no deberíamos también considerar los beneficios que están siendo derivados por cualquier persona que pueda compartir un sentimiento de amor con otra?

Como un columnista de Opinión Editorial, sé que tengo que mirar todas las preguntas desde todos los ángulos posibles, para *escribir una buena columna.* Desde la perspectiva de los Cinco Principios tengo también que tener en mente los principios universales. Al final, me pregunto a mi mismo si estoy escribiendo por los *beneficios* correctos y asegurarme de que los beneficios de otra persona no están siendo violados. Si la respuesta es sí, en ambos casos, entonces, compruébelo.

Conclusión - En todo lo anterior, si de alguna manera nos olvidamos que ningún principio, o nuestra interpretación de estos es el verdadero objetivo - Recuerde que los Cinco Principios trabajan juntos como los dedos en un guante, entonces podríamos quedar atrapados en un argumento inútil sobre un punto delicado, y perder los grandes rasgos. Por ejemplo, si uno cree que el sexo es sólo para la procreación o que no hay un valor real en simplemente amar y ser amado, más allá de nuestra capacidad de tener hijos, entonces el argumento del Panorama General se tira por la ventana. La política es muchas veces frustrante, a menudo confusa, siempre una lucha apasionante. Escribir acerca de la política es todo eso y es también un síndrome del túnel carpiano. Considerando todas las cosas, no hay nada más que yo preferiría estar haciendo. Como escritor político, me siento en la primera fila, observando la mayor democracia que el mundo jamás haya conocido en toda su hermosa locura y luego tengo el privilegio de decirle a la gente al respecto. Gracias a los Cinco Principios de Todo, soy capaz de hacer eso *mejor*.

Russ Buchanan es un exitoso y talentoso actor de voz, músico y compositor. Una de sus parodias populares en video All American Suckers aparece en Visión-Revisión (con permiso). Su música está disponible a través de todas las fuentes habituales, y sus escritos se pueden encontrar en la revista online magazine, Midnight Grafiti y su propio blog político, Craving Sense: http://russellbuchanan.wordpress.com

LA ENSEÑANZA DEL TAO O APRENDIENDO COMO MEDITACIÓN

Por Brian Wallace

Me siento honrado de ser invitado por Gordon Richiusa para escribir algunas ideas de cómo las artes marciales se relacionan a la educación y al sistema educativo. No estoy seguro de que soy la persona indicada para escribir sobre el tema, pero haré mi mejor esfuerzo.

He trabajado en la educación durante los últimos veinticinco años. En ese tiempo he sido un Profesor, Maestro Mentor, Director de Tecnología, y actualmente Director Ejecutivo de Operaciones para un distrito escolar de tamaño medio en el noroeste del Pacífico. He desarrollado planes de estudios, enseñado a nivel universitario, y he servido en Comisiones de Agencias Estatales. También sirvo en la Junta Directiva del distrito escolar de mi residencia.

Yo también soy uno de los estudiantes Cinturón Negro de Gordon. Mi jornada para ganar mi cinturón negro me mostró que los artistas marciales son los mejores maestros. A medida que continuaba mi carrera en la educación, se hizo muy claro que los principios de una excelente instrucción en artes marciales son los mismos principios que los profesores excelentes, las escuelas y los sistemas escolares siguen. La terminología usada puede ser la diferencia, pero los principios son universales.

La educación, en su máxima expresión, es como el Zen. Es el proceso, no el resultado. Como artistas marciales, entendemos esto. Por ejemplo, si tengo un estudiante que está interesado en romper, yo no lo pongo a que comience golpeando tablas y ladrillos. Trabajamos en el entrenamiento de velocidad, forma, enfoque, y trauma (endureciendo el cuerpo). ¿Por qué? Porque yo sé que un estudiante que tiene una forma, velocidad, y enfoque excelente va a generar una tremenda cantidad de energía. Romper tablas no será un problema. Entonces, ¿cómo encaja esto en un sistema educativo, que (por lo menos durante la última década) está completamente enfocado en poner a prueba altos riesgos?

En realidad, es bastante simple. No podemos concentrarnos en los resultados de las pruebas estandarizadas. Para ser excelente, las escuelas y distritos escolares deben concentrarse en mejorar su práctica profesional el arte y la ciencia de la enseñanza. No es una tarea fácil. Los sistemas educativos son dinámicos y complejos. Los individuos en el sistema son jalados en muchas direcciones. La política, los intereses especiales y agendas ocultas, a menudo se interponen en el camino del mejoramiento sistemático, pero se puede hacer.

Mi distrito escolar local es un distrito de alto logro; 90% de los estudiantes están alcanzando o superando las normas estatales en todos los niveles. Sin embargo, mirando a la demografía del distrito, usted no esperaría un porcentaje tan alto de éxito; 60% de los estudiantes inscritos califican para el Programa Nacional Escolar de Almuerzo Gratis o Precio Reducido. El porcentaje de los padres con un título de licenciatura o superior es sólo el 11%. Esto es significativamente más bajo que nuestros promedios Estatales y Nacionales. Distritos vecinos con ingresos más altos no anotan tan alto. ¿Por qué nuestro distrito escolar local va tan bien? Le pregunté al Superintendente de las Escuelas. "*Contratamos a los mejores maestros que podemos encontrar. Nos aseguramos de que no funcionan de manera aislada. Nuestro plan de estudios está alineado con las Normas del Estado y los profesores ajustan la enseñanza para satisfacer las necesidades individuales. Las calificaciones reflejan lo que el estudiante sabe y nunca se utilizan como forma de castigo. Lo que hacemos aquí no es magia, sino un proceso de mejoramiento continuo.*"

Mi primera reacción a esto fue: "Suena bien, buenos puntos para tratar, pero, ¿está sucediendo esto a nivel del aula? ¿Se ha trasladado esta filosofía de la oficina central y se ha aceptado por toda la organización?" Mis preguntas fueron respondidas unas dos semanas más tarde.

Estaba asistiendo a una Reunión de la Junta Directiva y parte de la agenda fue una presentación por uno de nuestros directores de la escuela secundaria. La presentación se centró en los cambios con la instrucción escolar de las matemáticas, las evaluaciones estatales, y las puntuaciones del SAT / ACT (Examen de Aptitud Escolástica/ Examen del Colegio Universitario Americano). Durante la presentación, uno de mis colegas, miembro de la Junta preguntó: "¿Cómo ayudará estos cambios a preparar a nuestros estudiantes para el examen de Salida de la Escuela Secundaria?"

El director respondió, (y yo parafraseo): "Estamos en medio de un cambio fundamental en la forma en que enseñamos. Realmente estamos enfocados en nuestra enseñanza, manteniendo las clases interesantes, y asegurándonos que los chicos aprendan. Este es un gran cambio a la forma en que enseñabamos hace 15-20 años atrás. En el pasado, si un estudiante estaba reprobando un curso, el profesor solía asignar más tarea. Si eso no funcionaba, entonces el estudiante fracasaba. El estudiante siempre tenía la opción de repetir la asignatura e irónicamente, la oportunidad de fracasar por segunda vez. Ahora, si un estudiante no está aprobando el curso, nosotros (el personal de la escuela) cambiamos lo que estamos haciendo. Bajas calificaciones no son una opción aceptable. Si un estudiante reprueba, eso significa que hemos fallado de alguna manera."

El director continuó diciendo: "No importa el Examen de Estado. No me malinterpreten, queremos que todos nuestros estudiantes pasen el examen, pero el examen no es el blanco. Sabemos que nuestros cursos de matemáticas cubren el material de la evaluación estatal. Así que nuestros esfuerzos están en hacer que los estudiantes aprueben el curso y aprendan el material. Las calificaciones son el punto de referencia. Si un estudiante obtiene una calificación aprobatoria entonces él / ella fácilmente pasará los exámenes del Estado.

Mientras que el director continuó respondiendo a la pregunta, pensé para mi, "¿Habrá entrenado él con Gordon Richiusa?" ¿Tal vez nuestro Superintendente Escolar es cinturón negro y el Director su estudiante? Si se cambia algunas palabras aquí y allá, y ambos administradores estaban explicando los principios básicos del Sistema de las Cinco Aves. Para citar a Gordon: *"El Sistema de las Cinco Aves se enfoca en las necesidades individuales del estudiante, casi todo se reduce hasta sus cinco componentes, hace hincapié en un método de enseñanza simplificada y técnicas, permitiendo siempre el espacio individual para experimentar y crecer."*

Esto es lo que mi distrito local ha sido capaz de implementar como parte de su cultura y práctica. Cinco principios orientadores son seguidos constantemente...Responder a las necesidades individuales de los estudiantes, responsabilidad del profesor al alumno, mantener las cosas simples, hacer que el aprendizaje sea interesante, y reconocer que muchos caminos llevan a la misma meta...En pocas palabras, El Sistema de las Cinco Aves. Al pensarlo bien, es bastante sorprendente que Gordon articuló la manera de reformar la educación pública en su enseñanza de las artes marciales, la filosofía y años de práctica antes de los actuales esfuerzos de reforma.

Notas de Gordon Richiusa: Yo he sido un educador profesional por más de 25 años, enseñando clases en la primaria, secundaria y los niveles de colegios universitarios. Pasé 20 años trabajando como educador en las Cárceles del Condado de Los Ángeles, trabajando con los reclusos en asignaturas de la escuela secundaria y la preparación de GED (Desarrollo Educativo General), así como la administración del examen y la coordinación del plan de estudio para la Escuela de Adultos Hacienda La Puente. Mi grado de Maestría en Artes es en Literatura en Inglés. Tengo una clara credencial de enseñanza de toda una vida.

Cuando digo que he sido un educador profesional, y sé que hay algunos que *no* son maestros y aún creen que ellos también son educadores. Estas personas aparentemente se suponen que si están involucrados en cualquier aspecto del negocio de dirigir una escue- la, distrito o el suministro de una escuela con provisiones, entonces ellos también son educadores. Para decirlo sin rodeos, basado en los Cinco Principios de Todo, simplemente este no es el caso. Por motivos del acuerdo semántico, sólo aquellos que están en las lí- neas del frente, participando activamente y diariamente con los estudiantes (por ejemplo maestros, consejeros, bibliotecarios, mentores, tutores) - o SON ellos mismos estudiantes, buscando el conocimiento o aprendiendo algo en particular - pueden llamarse a sí mismos educadores. En otras palabras, sólo las personas cuyo objetivo principal es la educación son en realidad educadoras. Por otro lado, cada una de las empresas auxiliares que he mencionado anteriormente (y, de hecho CADA negocio o empresa que sigue los cinco principios) puede ser visto como una búsqueda estratégica valida, que puede beneficiar a las personas que están involucradas en las diversas formas, en una escala de los cinco principios. Usted no es un educador sólo porque está involucrado en el negocio de la educación, no es un salvavidas sólo porque sabe nadar, no es un escritor sólo porque sabe cómo formar una frase y usted no es un artista marcial sólo porque usted se llama a si mismo maestro. La diferencia en todos estos ejemplos es la disposición del individuo a asumir la responsabilidad de su conocimiento, habilidad o posición, manteniendo al mismo tiempo una atención al Centro de los Valores Humanos encontrados en los Cinco Principios.

En resumen, independientemente del título, o cuan de cerca una persona controla el financiamiento o las negociaciones - no pueden ser educadores, a menos que tengan un salón de clases y el currículo o que sean estudiantes en un aula con un plan de estudio.

Como de costumbre, "las palabras, su denotación y sus connotaciones" son una preocupación importante para mí. Hoy me gustaría diferenciar entre dos palabras más: El Zen y Tao. Ninguna de estas cosas es una religión en sí misma, pero conjura connotaciones religiosas que a veces impiden a algunos, con una creencia religiosa determinada, cerrar los beneficios que pueden ser obtenidos del examen. El taoísmo es la creencia de que el universo funciona de acuerdo a reglas definidas y principios y el "¿por qué?" de una conducta de comportamiento es más importante que el "¿quién? ¿qué? o ¿cuándo?" de la misma.

Zen, por otro lado, generalmente define un método particular para lograr un fin determinado (como el esclarecimiento) ... aunque el final (o meta) a veces es incierto y cambiante. Zen se asocia generalmente con el Budismo, pero no es exclusivo del mismo.

Con eso, vamos a examinar la meta de hoy. Al fin y al cabo, todo se reduce a las partes esenciales, usando los Cinco Principios, como el punto de partida y el objetivo final. Estas "declaraciones de esencia" tienen muchos nombres. Yo los llamo: Concepto de Entrenamiento o la Cápsula de los Comentarios. La cápsula de cualquier intento, es la parte esencial de la definición característica que resumen lo que el principio relacionado es y cómo se relaciona con lo que estamos tratando de lograr. Por ejemplo, los conceptos esenciales de los negocios son, probablemente, **1)** Abastecimiento y Demanda, y

2) Sin importar si usted está en una empresa de servicio o negocio de productos, aún debe entender la relación del mercado para el cliente.

Las partes esenciales de la escritura, hablar o la lectura son: **1)** La Comunicación es el objetivo final para cada uno de estos y **2)** Hay muchas maneras diferentes y propósitos para el proceso de la comunicación.

Los elementos esenciales de la natación son:**1)** Impulsar un cuerpo humano en el agua es el objetivo final y **2)** Manteniendo en mente las leyes de la física y la mecánica del cuerpo; hay muchas razones por las cuales una persona podría querer nadar.

Las partes esenciales del gobierno son: **1)** Hacer leyes para controlar y regular las actividades humanas para el bien común (incluyendo la seguridad física) y **2)** Encontrar maneras de prevenir interferencias innecesarias de un consejo de gobierno en las vidas de los gobernados.

Es posible convertir a cualquiera de estos en una meditación, pero para hacerlo, debemos estar seguros de que todos los cinco principios están siendo considerados, y ninguno está siendo violado. De esta manera elevamos lo que estamos haciendo (esperando una participación en los niveles de la Mente, Cuerpo y Espíritu) a un plano completamente nuevo. En otras palabras, nuestro pensamiento acerca de nuestra disciplina, y nuestras acciones relacionadas con esta y la perspectiva desde donde vemos esta relación - en la forma en que el ser maestro o ser estudiante, podría permitirle convertirse en un

VERDADERO educador - puede alterar lo más mundano en lo más sublime. Cualquier cosa puede convertirse en una meditación.

En mis salones de clases, les doy esta información a los estudiantes en el primer día para que puedan comenzar a entender de dónde vengo. Yo les digo que mi clase es una de las mejores que jamás van a tomar, porque, independientemente de su punto de referencia particular, estoy dedicado a ayudarles a tener éxito dentro de los límites de los objetivos del curso, para aplicar lo que yo pueda enseñar a su propia perspectiva especifica. En otras palabras, yo creo que hay ciertas "formas" que serán beneficiosas de la cual puedan concentrarse en aprender Inglés, y mi objetivo es encontrar la manera de hacer que sus objetivos trabajen en armonía.

Para lograr mi objetivo, tomo dirección muy específica de todos mis maestros anteriores (especialmente los de las artes marciales) quienes tuvieron éxito en lograr SUS objetivos, y los míos. Naturalmente, hubo momentos en el proceso de aprendizaje que yo no puse mucho de mi parte en el trato. Los "buenos o grandes" maestros no se apartaron del curso de su objetivo particular en estos casos. Ellos simplemente encontraron nuevas e innovadoras formas para decir las mismas cosas que estaban diciendo al resto de la clase. En efecto, a veces me tomó años (incluso décadas) para captar en su totalidad una lección en particular, o en algunos casos beneficiarme un poco de una lección.

EL OBJETIVO DE VIDA Y MUERTE

Por John Gates, Retirado de la Armada de los Estados Unidos

Mi nombre es John Gates. Conozco a Gordon por casi 30 años. Cuando conocí a Gordon, yo era un joven adolescente estudiante de artes marciales, el era un instructor invitado visitando, y de inmediato congeniamos. Gordon en muchos sentidos, fue una gran influencia sobre mí para convertirme en un hombre. Además de ser un instructor muy experto de las artes marciales, adaptando mi instrucción de acuerdo a mis necesidades y personalidad, el también ha sido un buen amigo. Tengo muchas historias acerca de Gordon, pero creo que esta muestra su adhesión a los Cinco Principios. Yo tenía 18 años de edad, y había abandonado la escuela secundaria un par de años antes por muchas razones diferentes. Yo no estaba viviendo en mí casa y pasé una buena cantidad de mi tiempo viviendo con Gordon y su familia. En ese tiempo Gordon era un Educador de Adultos en el Sistema de Cárcel del Condado de Los Ángeles, trabajando principalmente al norte de Los Ángeles en el Centro Rancho Pitchess. Gordon sabía mi historia, sabía quién era yo y quien podría ser. Él también sabía el gran obstáculo que era ser un desertor de la escuela secundaria.

El trabajaba horarios extraños, entrando al trabajo y regresando a casa en las horas más extrañas durante el día. Una tarde, mientras yo estaba comiendo de nuevo en su casa, me dijo que fuera a vestirme y que estuviera seguro de usar una camisa abotonada. En ese momento yo no tenía ninguna conmigo y tuve que pedir prestada una. Le preguntaba a el que había planeado, pero conociendo a Gordon, yo sabía que sólo tenía que ir con la corriente y todo iba a funcionar. Como uno de los estudiantes de artes marciales de Gordon, sabía que el entrenamiento a menudo tomaba un carácter espontáneo. Siempre íbamos a lo que él llamaba, *Aventuras*. Me dijo que me iba a llevar a trabajar con él y que yo iba a tomar mi GED esa noche. Yo había hecho una suficiente investigación como para saber que era el GED y que podría "remplazar" mi falta de diploma de la escuela secundaria, pero yo no había estudiado nada.

Esa noche, me sentó en una de las oficinas de atrás después de desfilar frente a los presos para hacer una impresión en mí. Él me administró mi GED, mientras trabajaba con los internos en el aula principal. Unas semanas más tarde mi certificado llegó. Sin ninguna preparación en lo absoluto, yo había pasado. Sentí que el mundo entero se había abierto: Yo era un "éxito" de nuevo. He tenido una carrera muy exitosa de 22 años con el Ejército de los Estados Unidos en el campo de Comunicaciones. Estoy a solo dos clases para completar los requisitos para mi Licenciatura. No está mal para un desertor de la escuela secundaria.

Los Cinco Principios como yo los entiendo son los siguientes:

Conocimiento - Ser consciente no sólo de sus alrededores; del lugar en que está, las personas que le rodean, los objetos, sino también estar consciente de SÍ MISMO.

Fluir - Este principio no sólo abarca el movimiento, sino también la economía del movimiento. Se trata de saber cuándo "correr y cuando trotar." También se trata de encontrar el camino sin obs- trucción, alrededor del obstáculo en lugar de arrasar.

Forma - Este principio se refiere a CÓMO actuar. Puede cubrir la forma de vestir para enfrentarse al mundo, cómo se interactúa con el mundo, o cómo llevar a cabo su comportamiento.

Beneficio - Literalmente: "¿Qué hay en esto para mí?" pero también identificando cualquier beneficio que usted decida como meta. Mantenga su vista en el premio.

Armonía - Estar en armonía es más fácil decirlo que hacerlo. En su PROPIO mundo, debería ser relativamente simple, pero en un ambiente ajeno, podría tomar mucho trabajo. Parte de esto es estar en armonía CONSIGO MISMO, sin comprometer quien es o lo que usted cree.

Gordon siguió los cinco principios cuando él me llevó a tomar mi GED. ¿Cómo han funcionado los Cinco Principios en mi vida como Soldado Profesional? Bueno, vamos a ver.

Como un soldado en las actividades diarias, yo tenía que estar **Consciente** de no sólo mis alrededores, sino también de mí mismo, y cuáles eran mis metas a corto, medio y largo plazo que me había fijado para mí mismo. Siendo consciente no sólo de mis jefes y mis compañeros, pero lo más importante de mis subordinados, del ejemplo que les estaba poniendo. Como se suele decir, "los ojos de los jóvenes siempre están mirando," y esto es tan cierto con los soldados jóvenes. La tutoría de hombres y mujeres jóvenes es un trabajo bastante duro, pero es más difícil cuando son capaces de ver todos los movimientos y comportamientos que usted hace. Poniendo el ejemplo a ellos, como un Sub-oficial, es un trabajo de tiempo completo, dentro y fuera del uniforme.

Ser consciente es también importante en el combate. Las amena- zas potenciales y los enemigos, su trabajo actual, los aliados a su alrededor, todas estas son cosas que tiene que tener en cuenta al hacer un plan de acción. Teniendo en cuenta a sus subordinados, cómo funcionan, cómo se sienten, quien es bueno en que, o sea, todas las cosas que son importantes para tener en cuenta. El mejor plan de acción en papel puede ser arruinado en los primeros 5 minutos de la implementación, porque el líder falló en tener en cuenta a sus soldados.

También es importante que se mantenga consciente *durante* una tarea. Ver una obstrucción antes de que sea demasiado tarde para cambiar la táctica puede ser tan importante para lograr su objetivo, como la elección de su meta al comenzar. "Golpear la pared" con furia, no sólo interrumpe el progreso, sino que también puede ser desmoralizador y afecta a todos a su alrededor de forma negativa. Al ver el proceso ir alrededor del obstáculo a tiempo para tomar ventaja, no sólo mantiene "la pelota rodando," sino también se mantiene el buen humor, cuando todo el mundo ve los progresos realizados.

Tuve que quedarme en la **Fluidez**, reconociendo cuándo hay que correr duro y sabiendo cuándo hay que recordar la economía del movimiento. Tuve que saber cuál era la intención de mis comandantes superiores, y cómo llevar a cabo mi misión dentro de esas directrices. Haciendo mi mejor trabajo, obteniendo lo mejor de mis soldados, significaba absolutamente nada, si lo que estaba haciendo no estaba apoyando la visión de mi comandante.

Como un líder siempre tenía que recordar lo que estábamos haciendo, por qué lo estábamos haciendo, y cuando había que hacerlo. La solución al 90%, a tiempo o temprano, siempre es mejor que la solución tarde al 100%. Tuve que vigilar a mis soldados, asegurando que no se agotaran. También tuve que asegurarme de que ellos llevaran una parte justa de la carga y que nadie se quemara cargando la parte de otros. Esto también era importante para mí recordar, ya que el proporcionar un mando desenfrenado durante 3 semanas y estar totalmente inútil para el resto del despliegue de 9 meses, no hizo ningún bien, porque me enfermé.

Tuve que recordar la **Forma** en todo momento, desde el cuidado de mi apariencia y uniforme hasta la forma en que realicé mi trabajo. La forma de realizar una tarea puede ser casi tan importante como lo que se logra. La idea de que, "*si no es bonito, pero funciona*" a veces puede ser verdad. Sin embargo, en la vida, el viaje es tan importante como el destino. Yo podría ser el mejor súper soldado que el Ejército ha visto, pero si lo logro así abusando de los otros soldados, o por mentir, o por un sin número de otras cosas que comprometen la jornada, entonces la propia realización en realidad no significa mucho. La Forma implica la idea de que si es suficientemente importante para hacerlo, entonces es lo suficientemente importante para hacerlo CORRECTO. El concepto es que conscientemente usted elige las acciones que toma, y luego llevarlas a cabo al máximo de su capacidad. La mayoría de la gente pasa por las tareas diarias me-dio dormida, inconscientes de lo que están haciendo. Cuando miran hacia atrás, se preguntan ¿a dónde se fue el día? y por qué tantas cosas que hicieron, las miran y están a medio terminar. La idea es que usted permanezca presente en todo momento, pensando y experimentando lo que está haciendo todo el tiempo.

El **Beneficio** en el ejército es algo difícil. Por un lado, existen los objetivos personales que usted se propone a cumplir, educación, viajes, e incluso las finanzas, pero el Ejército se basa en la misión cumplida y el bien del propósito mayor. El equilibrio entre esos dos ideales a veces puede hacer la vida más interesante para los soldados. Mantener ese equilibrio es importante, ya que no sirve de nada para la persona, tener una gran carrera militar y no tener objetivos personales realizados; también no sirve de nada para la carrera militar tener todas sus metas personales realizadas y descuidar el panorama general del Ejército.

La gente en la vida hace las cosas por una de estas tres razones principales; el Éxito Financiero, el Éxito Profesional, o el Éxito Personal. El Éxito Financiero es uno de los más sencillos de definir y uno de los más difícil de identificar. Como muchas personas han dicho últimamente, "¿Cuánto dinero es suficiente dinero?" Usted lo hace por el dinero, bastante fácil de entender, está dispuesto a hacer lo que sea necesario, trabajar las horas, sufriendo las humillaciones para conseguir a dónde quiere llegar. Los soldados, en su mayor parte, no se alistan en el Ejército para hacerse ricos.

El Éxito Profesional es también bastante fácil de definir. Obtener la promoción, trabajando para ascender la escalera de la empresa, siendo la persona "a quien ir" de su empresa que los supervisores, compañeros y subordinados por igual admiran. La piedra de tropiezo viene cuando se sube la escalera a toda costa, pisando los calcañales de sus compañeros y subordinados para lograrlo. La parte buena del Ejército es que el éxito profesional es bastante fácil de identificar, obtener una promoción, ganando un premio, siendo reconocido en frente de su unidad por los comandantes, y todas las cosas que con facilidad muestran que usted es un éxito. Cuando finalmente deja el Ejército, y lo único que tiene para mostrar es una caja con sus premios y condecoraciones - usted no tiene pasatiempos, ni educación, una familia en mal estado, y se siente absolutamente perdido - ¿es eso realmente el "éxito?"

El Éxito Personal es la idea más difícil de definir. Es difícil porque se trata de lo que le hace feliz a USTED. Cabe aquí un viejo refrán que dice, "si ya no se divierte, entonces no lo debería estar haciendo." El éxito personal puede ser definido como: "Trabaja para VIVIR" en lugar de "VIVIR para trabajar," o usted va a trabajar para mantener sus pasatiempos. Su éxito podría ser definido no por lo que hace en el trabajo, pero por lo que hace FUERA del trabajo, en que su trabajo le permite la capacidad de hacer lo que usted desea hacer. El éxito personal también se podría definir en el trabajo. La tutoría de Soldados jóvenes viene a mi memoria como un logro Personal. Personalmente mejorar en el área de su carrera (ser técnicamente competente) podría ser otro. Como puede ver, realmente podría ser cualquier cosa que le haga feliz, ya sea dentro o fuera del trabajo. La clave de un beneficio, o una meta por así decirlo, es identificarlo desde el principio. Usted podría establecer objetivos a corto, mediano y largo plazo (como se hace en las artes marciales con el sistema *kyu*: cinturones y *dans* o grados), para tomar el camino en bocados pequeños. La identificación de los beneficios para el "Grupo" es también importante, ya que ellos entienden lo que están preparando para lograr y es más fácil mantenerlos motivados hacia el objetivo. Establecer metas realistas es también importante, porque cuando se pone las cosas demasiado lejos de su alcance, entonces se vuelve casi desmoralizante trabajar hacia esas cosas.

Vivir en **Armonía** parece casi como un concepto ajeno cuando se habla del Ejército. La misión más importante de la armada es "Buscar, Acercarse y Destruir al enemigo," no muy armonioso. La idea de tratar de mover 500,000 soldados hacia ese único objetivo sin Armonía sería una tarea imposible, todos los soldados tienen que estar trabajando con la misma intención hacia ese objetivo individual.

He hablado antes acerca de cómo dar el ejemplo para los soldados / subordinados. Vivir en Armonía personal o en equilibrio es una buena manera de "dar el ejemplo." Piense que es como el padre que le dice a su hijo que no fume, mientras que el está fumando un cigarrillo Marlboro. Decirle a sus soldados que tienen que tener un equilibrio, para trabajar, jugar, aprender, vivir, amar, adorar y todas las grandes cosas que la vida tiene para ofrecer, si usted no da el ejemplo personalmente, es contradictorio.

Recuerde, siempre hay un equilibrio en el Universo. Luz / Oscuridad, Bueno / Malo, Frío / Caliente, para cada acción, hay una reacción igual y opuesta. Vivir en armonía también podría significar no vivir en CUALQUIER extremo. El símbolo de los chinos Ying / Yang es un ejemplo perfecto. No sólo representa Luz y Oscuridad, pero lo más importante, Masculino y Femenino. En el símbolo, estos están en equilibrio, ninguno de los dos tiene más peso que el otro. El Goju Ryu de las Artes Marciales es otro ejemplo, Go es Duro y Ju es Suave, literalmente las Arte Marciales toma las líneas Duras de los japoneses y los Círculos Suaves de los chinos y los incorpora en conjunto y en equilibrio.

Por lo tanto, como puede ver, aunque no es una tarea fácil vivir como un Soldado Moderno, mientras que se está siguiendo los Cinco Principios; no sólo se puede hacer, pero casi se TIENE que hacer conscientemente o no. Lo mismo ocurre en la vida. El Conocimiento, Fluir, Forma, Beneficios y la Armonía tienen un lugar no sólo en todas las profesiones, pero en la vida entera. Los princi- pios son guías como lo son los Padres, Códigos, Leyes, e incluso Religiones. Como guías, y no "dogmática," se prestan a sí mismas para ayudar a las personas en los esfuerzos de la vida y no reprimir o atar al individuo, esa es la parte Armóniosa.

(John Gates es un Artista Marcial de toda la vida con un cinturón negro del Sistema de las Cinco Aves, un baterista recreativo, un Soldado retirado, habiendo alcanzado el rango de Sargento de Primera Clase, y más. Constantemente esforzándose para aprender y crecer como un hombre, el actualmente vive en las afueras de Chambersburg, Pennsylvania con su bella esposa Lisa. Lo que la vida tiene reservado nadie lo sabe, pero va a ser bueno).

EL CAMINO DE LA ARQUERÍA

(NOTA: Gordon Richiusa ha publicado el siguiente artículo en muchas ocasiones y en muchas formas. Aquí está la primera recopilación de estos artículos con Cinco Aplicaciones Principales. Este y otros resúmenes se presentan aquí, NO sólo como una adición al tema específico de enseñanza de la Arquería o Arte Marcial, sino como un ejemplo de lo que este tema en particular y la forma en que se enseña, nos puede mostrar el proceso de la enseñanza y el aprendizaje en general. Se considera que el tiro de una flecha hacia el centro del blanco, es una obvia metáfora universal aceptada que no puede ser ignorada).

Parece que siempre he sido un arquero. Puedo recordar, cuando joven, construir arcos con mi hermano. Yo competí en la escuela secundaria en el equipo de Arquería y llevaba mis arcos y flechas conmigo por todo el mundo. En 1980 tuve el placer de mudarme a Oahu, Hawái para vivir, trabajar y aprender. Una de las experiencias que tuve fue el estudio de Kyudo (Zen Japonés Arquería tradicional) con un grupo que se reunía en la base de Diamond Head todas las semana para practicar esta forma única de la Meditación Zen. Maestros venían de Japón mensualmente para demostrar la técnica y para fomentar la devoción a la pureza.

En pocas palabras, en el Kyudo el arquero, el arco, la flecha, el blanco y el proceso, todos se convierten en uno con el objetivo final del conocimiento de nuestro ser espiritual.

Sin profundizar en el tema, es necesario decir que la Arquería Zen está muy cargada con el estudio y la práctica del Budismo, por lo que el tiro se divide en ocho partes que simbolizan el óctuple camino del esclarecimiento. Yo no soy un Budista, pero cuando regresé a Los Ángeles (tras una estancia en Idaho). Yo continúe practicando y estudiando con el maestro Mishima de un templo Budista de Los Ángeles. Yo también estaba en el proceso (como era mi naturaleza) de desarrollar una especie de Meditación de la Arquería que incorporara a las enseñanzas de otros que me habían beneficiado.

Tuve la experiencia de trabajar y aprender de un número de Nativos Americanos, una variedad de formas, incluyendo entrenamiento en artes marciales. El tema de la Arquería a menudo surgía en las conversaciones.

Su estilo de construcción y disparo del arco era muy diferente a la del maestro Zen Japonés, aunque había una similitud importante. La experiencia de disparar una flecha era muy espiritual. En ambos estilos de disparar, Americano y Japonés, el arco cuando está completamente estirada la cuerda crea un círculo. El círculo o aro son símbolos sagrados del camino espiritual en ambas culturas diversas.

Cuando comencé a incorporar la enseñanza de la Arquería en mi enseñanza de las artes marciales, me fue dado un Arco Largo Flemish, por uno de mis estudiantes, que físicamente no se puede sostener o disparar exactamente del mismo modo que los otros dos métodos que había estudiado. También había comenzado a intentar la transformación de toda mi forma de pensar en el método de Cinco Aves. Hoy en día, por lo tanto, he dividido el tiro -- lo han adivinado -- en cinco partes.

Los objetivos finales del tiro son los mismos a los que he aprendido a través de la práctica de los estilos oriental y occidental de disparo. Las únicas diferencias son que mi método puede ser utilizado con CUALQUIER arco, flecha, cualquier blanco, cualquier nivel de habilidad y por cualquier arquero. El acto de disparar una flecha es en gran parte simbólico y ritual. La postura que se toma, el número de partes que el disparo está dividido, e incluso el número de respiraciones que uno toma (o cómo se respira) todos tienen un mayor significado para todos los estilos de tiro, de lo contrario uno no está haciendo nada más que lanzando una pequeña lanza hacia un blanco.

He dividido la conversación sobre enseñanza de la Arquería, en cinco partes, como de costumbre.

Muchas personas se ponen tensas al oír la palabra "meditación," simplemente porque le han dado mucho significado. He escuchado a algunas personas decir que es "peligroso" meditar a menos que se esté contemplando una faceta particular de su religión elegida. La palabra "mal" a veces es lanzada en relación a lo que algunas personas consideran "otras" formas de la meditación "no admitidas."

Todo este estrés y preocupación son muy contraproducentes. Con razón la gente tiene tal conflicto en su primera clase de meditación cuando el profesor pronuncia la frase: "Está bien, ahora relájese." ¡Simplemente no hay un punto de referencia para tal cosa!

Para mí, la meditación no es más que un estado de mente, cuerpo y espíritu generalmente referido como un estado "elevado, relajado o completamente claro," donde el ser en general de una persona puede funcionar a su nivel más beneficioso. Por lo tanto, esto no permitiría cualquier condición "peligrosa" existir. No hay posibilidad de maldad. Esa es la posición donde empezamos en este libro.

En el ámbito de la psicología también es generalmente aceptado que los seres humanos aprenden en tres formas básicas. Estas son: Auditiva, Visual y de manea Táctil. Esto significa que aprendemos por lo que nos dicen o lo que oímos. O aprendemos por lo que se nos muestra, o lo que vemos. O aprendemos por lo que hacemos o lo que palpamos. Algunas personas están a favor de un modo de aprendizaje sobre otro, es por eso que las clases de educación guían a los profesores a enseñar todos los puntos fuertes de sus estudiantes. Por ejemplo, si un profesor sólo escribe algo en la pizarra y le pide a un estudiante que lo lea, ellos están enseñando en un nivel de modalidad. Si ellos dicen las palabras que los estudiantes están leyendo (como en conferencias con una pizarra) ellos están enseñando en dos niveles. Si ponen a los estudiantes a que copien las palabras en sus propias notas que ellos están viendo y oyendo, entonces estamos trabajando en los tres niveles. Generalmente, en el mundo de la meditación se acepta que hay dos tipos de meditación, activa y pasiva o en movimiento y meditación sentada. Dentro de estos dos extremos del mismo espectro hay variaciones que tratan de combinar los aspectos de cada uno (como el yoga) o se basan más en uno de los cinco sentidos u otro (como ocurre con el uso de cantos, tambores, campanas, pintura en arena u otras posiciones de dedos o del cuerpo e incluso aceites, incienso u otras fragancias) que ofrece una experiencia de más de un nivel. En realidad, el tipo de meditación, se divide en tres clases distintas, "Mudra (la mano y las posiciones del cuerpo), Midra (sonidos y olores) y Mandela (fotos)."

Mi intención no es aplicar ningún valor indebido a una forma de meditación sobre la otra o seguir un argumento de que una forma de meditación es mejor que otra. Este artículo es simplemente para explicar los orígenes de la Arquería, como Meditación en el Sistema de

Cinco Aves de las Artes Marciales y ofrecer orientación a aquellos que desean seguir este maravilloso arte. Yo espero que cada persona que le encanta tirar una flecha, o incluso como espectador de otros, obtendrá algo de este escrito. Enseño la Arquería como Meditación, porque es una de las "formas" que aprendí para meditar, para beneficiarme en un número de niveles, para tener salud, felicidad y un sentido de plenitud. Por estas razones, doy gracias a mis maestros porque jamás me limitaron a ninguna forma en particular de meditación como el único camino hacia el esclarecimiento. Además, me gustaría expresar mi gratitud a mis alumnos (especialmente a los jóvenes) que me han ayudado a ampliar y refinar mi forma de pensar y la enseñanza de las técnicas, a través de los años.

Una Historia y Explicación de la Arquería Zen Japonés

Si se le pregunta cuál de las muchas formas de las artes marciales tradicionales es la más mortal, las respuestas serían tan numerosas como los estilos que hay para estudiar. Sin embargo, califique esta pregunta, para incluir solamente las artes que son efectivas hasta 100 metros de un rival, y el área de las respuestas sería reducida a sólo una.

La Arquería Zen o KYUDO (es decir, "el camino del arco") es un arte marcial que literalmente, es único entre todas las artes de combate. Es un arte marcial que es en realidad una forma Japone- sa de la meditación Zen y no tiene violencia ni contrincante. Idealmente, el entrenamiento en cualquier arte marcial debería de contener algún tipo de trabajo individual (incluyendo armas, como katana o bo) en forma de kata. Pero es solo el arquero Zen, quien tiene que enfrentarse siempre contra sí mismo para convertirse en parte del proceso de entendimiento, que es dar en el blanco con una flecha.

Los objetivos en la arquería Zen son característicos de todas las enseñanzas Zen. Estas son tan elusivas como tratar de atrapar el viento en las manos. Porque, al final el arquero en verdad no puede tener objetivos; al final, el conocimiento o el concepto de la arquería, el blanco, el arco, la flecha y el arquero deben convertirse en una sola cosa.

La belleza de esta forma de movimiento de las artes marciales y su valor a todos los demás, radica en su capacidad para ampliar los preceptos de las artes de combate en gran escala para el espectador, mientras que al mismo tiempo, limita los movimientos a una serie concisa de repetidos, rituales y movimientos llenos de significado.

Todos los arqueros Zen realizan los movimientos exactamente en la misma forma metódica. El maestro y el alumno aprenden a fluir con la misma energía y por lo tanto, cosechan los mismos beneficios. El resultado final de pegar en el blanco es inmediato, que incluso el espectador sin educación conoce el valor. Si el arquero no realiza los movimientos correctamente, totalmente relajado y sin interés personal por darle a su objetivo, la flecha simplemente no encontrará su marca. Un error es así de obvio.

Por otro lado, si uno accidentalmente da en el blanco y sabe en su corazón que los movimientos no se realizaron en el espíritu adecuado de concentración, entonces esto también no tiene ningún valor. No hay nadie para tratar de engañar. Para disparar la flecha sin el espíritu adecuado es otra cosa; no es el verdadero Zen. Lo que distingue al maestro del estudiante es que él puede dar en el blanco con gran regularidad y al mismo tiempo, no importarle que lo esté haciendo. Como ya he dicho, hay ocho etapas precisas de disparar una flecha de esta manera. Cada etapa es más o menos asociada con el camino óctuple de la filosofía Budista. Debe de recordarse que todas las etapas se realizan con una atención inusual a la exactitud, mientras que al mismo tiempo; el arquero debe estar totalmente relajado. Hay una razón práctica para esto, más allá del significado religioso. Si el arquero, por ejemplo, no está relajado desde las etapas iniciales del tiro y permanece así, su tensión puede causar varios resultados dolorosos. En Kyudo hay un dicho que dice: "El arco es un buen maestro." Otro atributo curioso de la forma Kyudo es que el arco se le debe permitir que gire libremente después del tiro. No se usa el protector del antebrazo. La cuerda realmente gira totalmente alrededor de la mano, desde un lado del brazo al otro. Si esto no se permite que tenga lugar, hay otra expresión de la Arquería Zen que se aplica, "El arco le va a castigar." La cuerda le pegará al brazo del arquero. Es una lección que necesita ser experimentada, pero que se aprende una sola vez. Por otro lado, como un tributo final al método de Zen, el arquero siempre sostiene una segunda flecha en el dedo meñique de la mano en la cuerda, recordándole que ultimadamente, el último disparo, sin importar dónde va a caer en el blanco, siempre será reemplazado por la flecha siguiente.

Esos que se dedican al arte de kyudo como su forma de iluminación, deben estar preparados para muchos años de entrenamiento.

Hay dos métodos de entrenamiento diferentes, que se encuentran en la forma descrita aquí. El primero (y más tradicional) es enseñar al estudiante a respirar correctamente y relajarse, e incluso tal vez realizar los movimientos de disparo por un máximo de un año y medio antes de que se le permita disparar en realidad su primera flecha. Además, el practicante debe preparar ritualmente todo su propio equipo a mano. Eso es precisamente lo que al arquero tradicional se le enseña a hacer por su sensei (maestro). Las flechas son suavemente pulidas, y están hechas de un tipo especial de bambú fuerte y delgado. Plumas de halcón o águila se cortan en forma y se pegan en su lugar. El punto culatín de la flecha está meticulosamente amarrado en torno, con una cuerda y atado a mano. Cada detalle de la preparación se lleva a cabo como el acto de disparar la flecha. Incluso poner la cuerda al arco o caminar en el campo de tiro se consideran parte del proceso y se realizan con reverencia.

El otro método es dar una flecha y un arco al estudiante y decirle que dispare un determinado número de flechas (a veces 1000) diariamente. No instrucción formal tendrá lugar por un máximo de año y medio. Durante esta etapa inicial los estudiantes procesan la mayoría de los detalles por sí mismos y luego el profesor sólo refina el proceso.

Fui instruido con un poco de ambos extremos del espectro. El Maestro Mishima sostuvo que cada estudiante era único y el maestro era como una persona que se sienta en la cima de una montaña instruyendo a muchas personas, procedentes de muchas direcciones diferentes, con varios obstáculos en frente de él o ella tratando la mejor manera de llegar a donde él estaba. "A veces, una persona no puede ver que si sigue recto va a caer en un gran hoyo. A otro se le dice que debe girar a la izquierda o a la derecha para evitar otros obstáculos. Ellos no tienen la ventaja de mirar hacia abajo en la situación, para ver cuál es el mejor camino." En otras palabras, un estudiante no debe preocuparse por lo que el maestro le está diciendo a otro estudiante. Si un estudiante que "debe ir recto" sigue las instrucciones que se le da a otro de "girar a la izquierda" ¡podría haber un resultado grave!

Sea cual sea la ruta que uno siga, por lo general tomará años antes de que el estudiante pueda dominar los elementos básicos de kyudo. Hay diez niveles de dominio que pueden ser alcanzados por el arquero. No es de extrañar que el arte sea a menudo considerado el mejor amigo del arquero después de tanto tiempo de una relación personal con el proceso. Cuando se le preguntó por qué el continuó disparando su arco todos los días, en cualquier clima, y sin faltar, el maestro de Kyudo respondió: "Aunque ya no tenga un arco o la fuerza para jalar la flecha hacia atrás, yo continuaría practicando los movimientos en el aire y con las manos vacías. Yo he aprendido la más valiosa lección de kyudo. Ya no soy un arquero que dispara sus flechas con un arco. Yo soy una parte del proceso."

Las Cinco Etapas de las Cinco Aves en el Tiro de la Arquería

La pregunta, aquí, naturalmente, debe surgir, "¿Por qué cinco?" Como ya he dicho, el arquero Zen divide su disparo en ocho etapas para alinearse con el óctuple camino de Buda.

Yo no soy budista y he aprendido, al mismo tiempo a apreciar el valor de seguir la mediación espiritual a través de la Arquería, mientras sabiendo que, como Mishima habría dicho, "Hay muchos tipos de montañas para escalar." En otras palabras, yo no creo que una persona debe ejercer el budismo (usted puede insertar cualquier otro nombre de una religión o disciplina aquí) para obtener el valor de la Arquería como un "camino" hacia la iluminación, o como un realce de la perspectiva que uno está buscando.

Para mí, el número cinco funciona. Esto coincide con mí sistema personal de creencia y es fácil para mí enseñarlo a los que están interesados en mi estilo de artes marciales.

Una vez dicho esto, he dividido el tiro en cinco partes de esta manera:

1)Preparar para disparar

2) Centrarse en el objetivo

3) Levantar el arco

4)Tensar y soltar

5) Saborear el disparo

Hay, por supuesto varias capas o aspectos de cada una de estas etapas y suficiente espacio para la creatividad individual. Por ejemplo, cuando uno "se prepara para disparar" se está poniendo no sólo en el estado de ánimo y la actitud adecuada, sino también en la posición adecuada, con el equipo adecuado. Pero, hay variaciones. A mí me enseñaron (y yo enseño a veces) que el arquero no necesita ni siquiera un arco, flecha o blanco para realizar el disparo. En efecto, debo decir que incluso cuando yo estaba físicamente incapaz de subir o jalar un arco, yo seguía realizando diariamente la tarea en mi mente y corazón.

Para la mayoría de los propósitos, sin embargo, yo recomiendo que la Arquería se pueda realizar con cualquier arco, a cualquier presión a cualquier distancia y utilizando cualquiera de los números de "puntos de anclaje."

Yo prefiero un arco largo Flemish, cerca de 65 libras de presión (en estos días), pero he utilizado un recurvo e incluso tengo un compuesto. Ahora que lo pienso, he utilizado una pistola de aire siguiendo un ritual similar y he conseguido resultados adecuados.

No recomiendo los arcos mecánicamente aumentados (compuestos, de tiro asistido o ballesta), simplemente porque aún no he sido capaz de averiguar cómo hacer que la fluidez del disparo trabaje con estos dispositivos. Esto no quiere decir que no se puede hacer. Yo simplemente digo que yo no lo he hecho, y realmente yo no tengo ninguna intención de perder el tiempo para cambiar ahora mis hábitos.

El tiro que utilizo se adapta a mí y es suficiente hasta el final, que es trascender el tiro y relajarse en un estado de un mayor conocimiento.

El artículo abstracto anterior tiene acceso a través del blog (www.5birdsmartialarts.blogspot.com) o en el sitio web de la comunicación (www.vision-revision.pbwiki.com). Ambos son gratis. Sin embargo, se solicita que se suscriba a estos sitios, si usted los está utilizando. Graci.

LA DIETA GRADUAL

Por Barbara Rich (Alias Ageless1der)

Palabras tales como abstinencia, conmoción a su sistema, cambios drásticos o reducción repentina, tienden a asustar a la gente de hacer cambios en sus dietas. Nunca he sido una creyente del concepto, "sin dolor, no hay ganancia." Por esa razón, yo recomiendo que lo tome suave. ¿Suena bien?

Una gota de agua constante, durante un período de tiempo obtendrá los mismos resultados que una inundación repentina. Esa simple gota, aplicada continuamente va a erosionar la roca más dura. La parte más difícil de hacer dieta es comenzar. Así que vamos a comenzar despacio. El método que yo he desarrollado se llama "La Dieta Gradual," y es para aquellos que están claramente en la necesidad de perder algo de peso, pero tienen dificultad con todo el concepto de dietas. Las claves son: Conocerse a sí mismo, saber la cantidad de peso que realmente necesita perder y el punto en que una dieta se convierte en un cambio de estilo de vida.

Así Es Cómo Funciona:

Comience cortando a la mitad lo que comería en un día normal No importa lo que normalmente come, el tipo de alimentos o la cantidad. Sólo sepa que usted va a cortar esa cantidad a la mitad. No se preocupe, usted no va a pasar hambre. Su cuerpo se sentirá confortado por el hecho de que está familiarizado con el tipo de comida que está recibiendo. Usted puede sentir un poco de hambre, pero eso está bien. Lo mejor es tener una idea realista de la cantidad de alimentos que habitualmente se está comiendo antes de empezar. Muchas veces la gente va a sabotear sus buenas selecciones con un súbito incremento en la cantidad de consumo de alimentos, antes de comenzar la dieta. Este es el pánico de comer y el pánico de la dieta. Lo que le recomiendo es algo así como engañarse a sí mismo. Así que permítase la oportunidad de reducir su consumo. Por otro lado cada individuo tiene necesidades dietéticas específicas y requisitos de nutrición. Lo que yo estoy recomendando aquí es para los que sin duda tienen sobrepeso y han probado otras dietas y fallado.

Así que, después de haber reducido a la mitad, el equivalente de un solo día de comer, el próximo día regrese a su dieta de antes. Esto no quiere decir que usted está ahora comiendo en exceso, sino justamente comiendo lo que es normal para usted. Relájese y este cómodo con el proceso. Repita este plan por una semana. Un día siga la nueva o dieta gradual y al día siguiente usted sigue la dieta de antes. La segunda semana, agregue un día a la dieta gradual. Corte por la mitad su dieta anterior durante dos días y luego vuelva a su curso regular de comidas por una semana. Haga esto por dos semanas. Después de dos semanas, aumente sus días de la dieta a tres. Haga esto durante tres semanas y así sucesivamente.

Note que para llegar al lugar donde usted está a "dieta" más que estar siguiendo el viejo plan, le tomará un mes y medio. Clara- mente, no verá un cambio drástico como pudiera tener con otras dietas, ya que usted no está pasando hambre. Usted está cambian- do sus hábitos gradualmente. Sin embargo, definitivamente va a comer menos calorías, por lo tanto, VERÁ RESULTADOS POSI- TIVOS. Recuerde que estoy usando la cantidad arbitraria de la mitad, basado en la suposición de que tiene exceso de peso por comer demasiado. El objetivo es pensar en términos de conseguir lo que usted necesita para estar saludable, en lugar de lo que se ha acostumbrado a consumir.

Otras Opciones

Le va a encantar esta parte. En realidad usted va a elegir su comida dietética. En su día de dieta, si usted no quiere hacer medias porciones usted puede elegir la Zona, Weight Watchers, South Beach, etc. Realmente no importa qué programa de comidas usted prefiera. Usted puede incluso alternar sus selecciones en los días de su dieta. La conclusión es: Todo se trata de calorías. Este método gradualmente cambia su estilo de comer. Usted siempre tendrá un día a la semana cuando se puede satisfacer sus antojos. Póngase un poquito loco, pero siempre regrese a su alimentación moderada. Todos tenemos ocasiones especiales, tales como bodas, despedida de soltera o cumpleaños y no deberíamos tener que renunciar a todo lo relacionado con la celebración. Trabaje alrededor de estas ocasiones especiales. Permítase disfrutar de los alimentos que usted come en esos días. ¡Usted puede hacerlo!

Ejercicio

El ejercicio en el programa gradual es visto de la misma manera que comer. Comience despacio y aumente progresivamente más días de ejercicio. Usted puede elegir si desea hacer ejercicio en la dieta anterior o en el día de dieta nuevo. Al principio, e igual que la dieta, encuentre un ritmo y un estilo de ejercicio que trabaje bien para usted, y gradualmente aumente su programa de ejercicios. Naturalmente, si usted empieza los ejercicios de cero, entonces el aumento será sencillo. Recuerde, CUALQUIER cantidad de ejercicio es mejor que nada.

Sugiero comenzar caminando despacio. Cuando comience a bajar de peso usted se sentirá mejor y será capaz de caminar más y más rápido, e incluso tratar otro tipo de ejercicio, más avanzado. Si su estado de salud le permite un ejercicio más vigoroso, entonces por favor hágalo. Recuerde que todo se trata de calorías - el número de su consumo contra la cantidad que usted quema. Yo prefiero la moderación, a los extremos. Yo creo en ser buena con mi cuerpo y este será bueno conmigo. Yo no lo empujo más allá de sus límites. También podría mencionar que no me gusta el dolor. Usted no tiene que sufrir consecuencias terribles para ponerse en forma. Lo que si tiene que ser dedicado a un estilo de vida que le mantenga feliz y sano. Usted se puede volver perezoso al hacer la dieta si su actitud es de derrota.

La Actitud Lo Es Todo

Otro aspecto muy importante de esta dieta es la actitud. La actitud es otra opción. Usted está en control de su actitud, así que escoja una buena. ¿Cierto? Obtengo una imagen visual de mí mismo en mi mejor momento y hago esa imagen una meta. Si su imaginación no es tan vívida, entonces encuentre una fotografía suya que le agrade y colóquela en el refrigerador o en cualquier lugar que la pueda ver como un recordatorio constante de lo que va a lograr. Mantenga un calendario de la "dieta anterior / nuevos días de dieta." Esto le va a motivar a que se mantenga en ella.

Su programa de ejercicio también debe ser registrado. Una vez que usted se haya programado para este estilo de vida no será necesario llevar un registro, esto se convertirá en una parte suya.

Edúquese

Recuerdo la conmoción que sentí cuando leí en una caja de cereal (nutricional) que tiene 130 calorías por una porción. Me di cuenta de que la porción era de 1/2 taza, así que por alguna razón decidí tomar una taza de medir y ver cuánto cereal era realmente. Medí 1/2 taza de cereal. No es mucho. Sin duda no era un tazón lleno de cereal. Empecé a medir todo lo que yo estaba comiendo y ¡me sorprendí! Las porciones recomendadas eran SIEMPRE menores que las cantidades que yo estaba acostumbrada a consumir.

¿Cuál es la conclusión? Mantenga una taza de medir a mano. Si nos fijamos en el tazón de cereal, una vez más, al agregar leche aumenta a 180 calorías. Así que tenga cuidado con la cantidad de alimentos que equivale a una porción. A veces usted piensa, bueno sólo me comí un tazón de cereal y ¡WOW! podría ser cerca de 400 calorías si lo hubiera comido con una taza llena de leche. Lea las etiquetas cuidadosamente y compare. Puede valer la pena para que usted obtenga un poco más de comida o comer algo que sabe mejor pero puede tener unas cuantas calorías más. De cualquier manera, sus decisiones se basarán en hechos.

Postres y Recompensas

El refuerzo positivo es mejor que el castigo. Por lo tanto, yo digo, ¡recompénsese a si mismo! Uno de mis platos favoritos es el postre. No creo que esté sola en esto. A la mayoría de la gente le gusta el postre, más que cualquier otra cosa. Uno de mis postres favoritos en mis días de dieta es una deliciosa paleta de chocolate de buen tamaño con sólo 100 calorías. Hay unos cuantos en los mercados. Me gustan las paletas de "Skinny Cow" o la Vaca Flaca. Son sabrosas y satisfactorias. Siempre que sea posible, utilizo sustitutos de azúcar o no endulzante en lo absoluto. Splenda, Equal etc, cualquier cosa que no tenga ningún contenido calórico es siempre la mejor opción a largo plazo. Utilice estos sustitutos en la avena, fruta y en cualquier lugar que normalmente utiliza azúcar. Realmente hace la diferencia. No se olvide de las hierbas. No hay calorías en una rociada de hierbas. Un poco de aceite de oliva y vinagre de arroz, complementado con orégano, albahaca o eneldo añade un sabor distintivo. Todo el mundo tiene una hierba favorita. ¡Elija la suya y disfrútela! Muchas de las barras nutritivas son altas en calorías, inicialmente previstas para suplir el cuerpo con proteínas. Algunas de estas barras de salud son sustitutas de las comidas, no merienda. Lo que esto significa es que si come una barra para el almuerzo, entonces ese es su almuerzo. La mayoría de estas barras necesitan ser cortadas a la mitad para una merienda. Hay algunas barras que tienen tan sólo 120 calorías, pero son pequeñas.

El yogur es otra buena opción a la hora de la merienda. Compare en las tiendas a su alrededor. Lea las etiquetas. Usted puede encontrar que será más capaz de hacer las cosas buenas cuanto más educado usted sea acerca de su cuerpo. El yogur es especialmente saludable para las mujeres debido a su contenido de calcio. Verduras crudas son saludables, pero ¿sabía usted que el aderezo que le vierte tiene un alto contenido de calorías? Yo mezclo aceite de oliva y vinagre de arroz sazonado en un frasco para echarle a mis verduras. Yo lo uso en mis ensaladas y también como un aliño para el pollo. Son las salsitas y porciones las que aumentan el consumo de grasa. Menos mal que hay crema batida sin calorías. Dos cucharadas son sólo 28 calorías. Decore sus pasteles y postres con crema batida sin calorías, en lugar de glaseado o crema de verdad batida. Al aplicar tales aderezos como su marca favorita de mayonesa o mostaza, lea la etiqueta para determinar cuál puede ser la "cantidad racional."

Beba refrescos de dieta en lugar de las de alto contenido de azúcar. Mejor aún, pruebe el té como un sustituto de la soda o café. ¿Sabía usted que el Oolong y el té verde en realidad aumenta su metabolismo? Pruebe el té caliente en un clima fresco, y té helado en un clima más cálido. Usted ira adquiriendo el gusto por estos sustitutos y los incluirá en su estilo de vida.

No se desanime. Su peso fluctuará. Dele 6 a 8 semanas. Cuanto más sobrepeso usted tenga, más rápido verá la pérdida de peso. Entre menos sea el peso que tiene que perder, cuanto más tiempo se tardará, debido a que su mantenimiento se encuentra en un nivel más bajo de consumo de calorías. Su cuerpo ha tomado tiempo para ajustar su metabolismo y mantener su peso actual. Tomará tiempo en reiniciarse a sí mismo.

El Cuerpo Milagroso

Su cuerpo es una máquina sanadora. Esta magnífica máquina no se compara con ninguna otra. El funcionamiento interno del cuerpo es asombroso. La filtración y purificación de anticuerpos, la distribución de nutrientes a diferentes órganos del cuerpo es sólo algunas de las innumerables funciones que el cuerpo trata diaria- mente. Sabemos que el cuidado que se le dé a una máquina asegurará su funcionamiento y resistencia. Vamos a tratar a nuestros cuerpos de la misma manera y con el mismo respeto que tratamos a cualquier otra máquina en nuestras vidas. No abuse, ni se ría, ni lo torture. Cuerpos sobrecargados y lentos recurren a las reservas, lo que obliga al cuerpo a estar trabajando constantemente y agotando todos sus recursos. Ame su cuerpo y demuestre ese amor mediante la acción y su cuerpo le amará a usted.

No Se Castigue

Sea amable y bueno con usted mismo. Algunos días serán más difíciles que otros. Está bien. Siga adelante. Levántese y empiece de nuevo. Incluso un mal día tiene la promesa de un mañana mejor. No pierda la vista de su objetivo. Este plan de por vida no está diseñado para promover un comportamiento auto-destructivo. No se trata de ser una Pollyanna o usar anteojos color de rosa, ignorando sus faltas. Es una cuestión de énfasis en lo positivo y no perder de vista sus metas.

¡Ah, Juventud! (y Salud)

La juventud es tan fugaz … ¿cómo nos aferramos a ese sueño? El aspecto físico de la juventud se le ha negado el de la madurez. Sin embargo, el corazón y el espíritu pueden permanecer jóvenes para siempre. La elección es nuestra.

Cuando nuestros corazones y espíritus son jóvenes nos ofrece un rostro juvenil. Entonces, ¿por qué no comenzar de adentro? Cambie su actitud a una con vitalidad, a pesar de sus limitaciones. Sea tan vital como sea físicamente posible.

Inicie una lista de Juventud. Esto podría ser algo tan formal como un diario, o tan desconectado como una nota garabateada pegada en el lado de su refrigerador. Siempre es una buena idea tener algo para consultar para mantenerse en el camino. Una lista de Juventud es una manera de recordarse así mismo de una buena idea usted puede desear experimentar o un método probado y verdadero que usted haya encontrado para sentirse y mantenerse joven. El Ejército de los Estados Unidos dice: "Sé lo mejor que puedas ser."

Las personas mayores (y hago esta petición especial a las personas mayores, ya que yo soy una de ellas), podemos empezar por comer mejor y hacer ejercicio. Una vez que estemos en nuestro potencial físico, podemos convertirnos en una parte de las cosas emocionantes que nos rodean. Viajar, espectáculos, reuniones sociales, todas estas cosas prácticamente nos impulsan a sentirnos jóvenes. Rodeados por la vida y lo que nos ofrece, nos mantiene motivados. Deténgase y piense acerca de lo que le estoy diciendo. Piense en todas las cosas que PODEMOS hacer. En realidad, nos obliga a participar de la vida. Y he aquí la ventaja, somos más sabios ahora y podemos omitir los obstáculos que los jóvenes tienen que sobrellevar. Espero que usted se esté dando palmaditas en la espalda. ¡Alégrese! ¡Usted ha llegado a la edad de la madurez con el entusiasmo y sabiduría! ¡Mírese a sí mismo, está leyendo un libro sobre cómo desarrollar su potencial pleno!

Ahora, ¡vamos a concentrarnos en los aspectos de una salud óptima de modo que podamos beneficiarnos con un potencial óptimo en todos los aspectos de nuestras vidas! Miremos la Dieta, como todas las cosas que hacemos para mantener nuestros cuerpos en una salud óptima, concentrándonos (sin obsesionarse) en todos los aspectos de nuestro plan para asegurarnos de que estamos ganando los máximos beneficios de nuestra estrategia elegida. De esta manera, la dieta puede llegar a ser nuestra forma de meditación. Como dicen los Taoístas, "observándose así mismo a través del ojo del Observador Perfecto, usted puede convertirse en su ser perfecto.

Deseos, Anhelos, Oraciones y Estrategias

Hay una gran diferencia entre los deseos, anhelos, oraciones y estrategias. Todos ellos representan diversos niveles de lo mismo, una aplicación de nuestro conocimiento.

Cuando yo tenía dieciséis años, en mi cumpleaños, ocurrió un acontecimiento importante en mi vida. Me di cuenta de mi misma y sobre todo consciente del proceso del envejecimiento. El momento está tan vivo en mi mente ahora, como lo fue hace más de cincuenta años. ¡Me di cuenta de que nunca podría tener dieciséis años otra vez! Sentada sola en mi cama, me di cuenta de que nunca podría regresar el tiempo. No fue que tuve una infancia particularmente perfecta. Yo no era una de las chicas "populares" o una de las del "grupo de moda" o de las "chicas ricas." Solo sabía que la vida era una experiencia única y especial, independientemente de lo que tenía reservado para mí.

También me di cuenta de que la juventud es uno de los más grandes regalos de la vida. Yo estaba preocupada (no, yo estaba aterrorizada), envejecer de la manera que yo había visto a otros hacerlo, limitaría mi capacidad de vivir la vida plenamente. ¿No es eso una preocu-pación extraña para alguien que acababa de cumplir dieciséis años? Yo no sabía, en ese momento (1952) que podríamos apreciar la vida desde un número complejo de perspectivas.

Decidí orar por juventud. Mi deseo era inocente y sincero más allá de lo que jamás había esperado en mi corta existencia. Oré y lloré. Mi madre escuchó mi llanto y no sabía cómo consolarme. Ella no era una persona de resolver sus propios problemas y mucho menos los de los demás, era una mujer muy tímida y reservada. Pero entonces, mi padre llegó a casa.

"Tú eres sólo una chica," sonrió y me tranquilizó con sus palabras. "Tienes mucha vida por delante. Cada año te espera una nueva aventura."

Mi padre vivió 90 años. Aún cuando ambos estábamos de edad mucho más avanzada, y desde que por primera vez él me dio aquel consejo, no dejaba de decirme siempre lo mismo. "*Eres solo una chica.*"

Nunca podre tener dieciséis años otra vez, pero puedo regresar a cualquier edad con mis recuerdos que he ido tejiendo con cada aventura.

Mi consejo (como todo lo demás) es simple. Aproveche al máximo cada edad. Sea lo mejor que pueda ser *en ese tiempo*. Si sigue este consejo, su Libro de Vida será testigo a otros que las oraciones son contestadas.

La Felicidad Es Fugaz, Pero Sigue Siendo Una Búsqueda Válida

"¿Es usted feliz?" Se me hace difícil responder cuando la gente me hace esa pregunta. La felicidad no es una condición. Tomando este punto de vista, vemos que podemos tener momentos felices, pero las cosas y los tiempos cambian. La habilidad de adaptarse a estos cambios en una manera positiva es la clave. De niña luché con la decepción. Cuando se me decía que no podía ir a la playa por el clima o porque el auto se había roto, ponía mala cara y me sentía miserable durante todo el día. ¡Qué desperdicio!

La vida le sorprenderá. No piense que todas las sorpresas son una mera decepción. Hay que darles un giro positivo. Las películas son geniales en los días de lluvia. Invite a un amigo para almorzar y charlar. A todos nos gusta hablar y escuchar acerca de los rumores de todo el barrio. El punto que estoy haciendo es: "Adaptar y esperar. Algo va a suceder." Entienda la diferencia entre resistir y no darse por vencido.

Aférrese a sus sueños, pero siga con el fluir de la vida. Esté abierto a lo que podría ser mejor para usted. Si usted puede estar contento (no en una rutina) donde se encuentra en la vida y acepta las cosas en ese tiempo, las puertas se abrirán a muchas posibilidades, que al escogerlas, le empujaran a otro nivel. Todos podemos tener nuestra parte de felicidad, si así lo elegimos. Una puerta se abrirá solo cuando deje a que "lo encierran." La Búsqueda de la Felicidad es mucho más fácil cuando se tiene una clara imagen de lo que eso significa PARA USTED.

Piense En Su dieta Como Una Forma De Meditación

Usted puede convertir sus comidas en un acto espiritual. Muchas culturas oran a la hora de comer. Creo que esta es una gran idea para aquellos que creen en la oración. Algunas personas creen que todas las acciones son una oración y que comer es simplemente otra acción. Veo una gran sabiduría en esta manera de pensar. Usted puede convertir fácilmente la dieta en una forma de meditación, especialmente si se incluyen la preparación y las decisiones que tomamos en los tipos de alimentos que comemos.

Una Solución Correcta e Incorrecta

En mi opinión, la diferencia entre "programas de pérdida de peso" y "una alimentación sana" es la diferencia entre el éxito y el fracaso. Cada estrategia de vida debe incluir una evaluación justa de las dificultades del plan, tales como el Comportamiento Obsesivo de Dieta (por ejemplo: bulimia o anorexia). Use sentido común. Si algo le está lastimando más de lo que le está ayudando, entonces, ¡deje de hacerlo! Recuerde el antiguo cuento de un hombre que llega al médico y dice: "Doctor, me duele cuando hago esto." Y, el doctor le respondió, "Pues no lo haga."

Si usted es débil, siente dolor o tiene otros síntomas que indican un problema, entonces, ¡por su bien vea a un médico! De hecho, no estaría de más consultar a un médico antes de proceder con cualquier cambio importante en su estilo de vida, hábitos alimenticios o régimen de ejercicio.

Cuanto Más Grande Es El Blanco, Más Fácil Es Pegarle

Permita que su peso deseado tenga más de un círculo en el *blanco*. En otras palabras, permítase un amplio gama de éxito. Si usted ve que se está moviendo en dirección correcta "por lo general" eso en sí, es el éxito. Su peso corporal naturalmente, va a fluctuar. Usted pesa más en la noche que en la mañana. Hay días en que usted bebe y retiene más líquido que otros días. Su cuerpo, incluso cambia con las estaciones del año. Estamos hablando de PEQUEÑAS fluctuaciones, no de incremento de peso dramático. Si usted pesa 20 libras más hoy de lo que pesó hace dos semanas, eso no es normal.

Usted Es Único

Cada persona es diferente. Esto significa que cada individuo tiene diferentes necesidades, así como diferentes puntos de partida hacia el mismo objetivo. Las diferencias son tan obvias como Hombres vs. Mujeres, Corto vs. Alto y Atlético vs. Sedentario. A veces las diferencias no son tan obvias, como el metabolismo hereditario y el nivel de producción del colesterol.

Las diferencias de edad, género y el tipo de cuerpo nunca son más importantes para tener en cuenta, que con la adición de un programa de ejercicio. Usted ha oído decir que hay diferentes gustos para diferentes personas.

Ya le he dicho lo que a mí me gusta y lo que hago. También le he dicho que mi esposo tiene más inclinación atlética que yo. El bebe más agua, come más alimentos, puede consumir más carbohidratos que yo. Sin embargo, su base genética también le permite a su cuerpo producir niveles más altos de colesterol "malo" que yo, aún cuando él se mantiene en su dieta. Recientemente, sin embargo (después de habérsele prescrito drogas para bajar el colesterol) él tuvo un escáner cardiaco, para medir la cantidad de bloqueo que se encontraría en sus arterias. ¡Sorprendentemente! El porcentaje de obstrucción fue de CERO en todas las arterias. Él decidió que no era necesario reducir su colesterol. Mi estructura tiene un ritmo más rápido que la de mi esposo. Me llamo a mí misma velocista y él, sin duda es una persona de larga distancia. Su metabolismo se adapta a los cambios en la dieta y el ejercicio, haciéndolo más lento para perder o ganar peso que yo, pero nadie podría decirnos que no somos saludable.

Tenemos otro amigo que le encanta la comida rápida como las hamburguesas, pero chequea su colesterol con regularidad, y nunca tiene problema con un nivel elevado. También le gusta jugar al tenis, una o dos veces por semana, pero no hace nada más que sea de naturaleza física. Tenis u otros deportes nunca me han interesado, a pesar de que me gusta bailar. Hay momentos en los que todavía pongo algunas canciones de antes y bailo alrededor de la casa mientras estoy limpiando, o sólo por divertirme. El punto es este: A menos que usted este lesionado o tiene otra enfermedad diagnosticada, el ejercicio no puede hacerle daño. Si usted está activo en este momento usted notará que cuanto más cerca a su peso ideal llega, mejor y más fuerte se sentirá. Cualquier ejercicio es mejor que nada. Veinte minutos al día no es demasiado para permitirse así mismo añadir diez o más años a su vida.

Tenga en cuenta que el peso excesivo puede ser un obstáculo para cualquier ejercicio que usted elija. Si quiere correr, caminar o hacer senderismo y usted encuentra que sus rodillas, las caderas, los tobillos o los pies le duelen, es probable que sea debido a que usted les está pidiendo que carguen demasiado peso. Encuentre algo que le guste, hágalo en un nivel que sea razonable y apéguese a este, o experimente. Si intenta bastantes cosas usted puede continuar por mucho tiempo antes de quedarse sin opciones. Luego, regrese y revise lo que ha intentado. Tal vez usted puede modificar o combinar técnicas que se adapten a su propio carácter.

Inicie La Jornada, Suavemente

La recompensa es un gran motivador. Por eso digo, vamos a premiarnos a nosotros mismos. Disfrute de un masaje, un manicure o arréglese los pies. No tiene que ser caro. A veces, si usted compara precios, podrá encontrar muy razonables por 1/2 hora de masaje. Relájese y déjese mimar.

Me encanta el olor de las velas aromáticas y música suave para relajarme y cambiar mi estado de ánimo. Usted podría incluso agregar el masaje como una recompensa por su buen comporta- miento. Usted no tiene que hacer una conexión estricta. En otras palabras, no diga: "Solo voy a tener un masaje SI pierdo diez libras." Diga: "¡Si cambio mi actitud o pierdo algo de peso, voy a disfrutar de esta gran recompensa!"

¡En días agradables, salga y camine! Camine alrededor de su barrio, conozca a sus vecinos. Encuentre un buen sendero en las colinas, o a lo largo de la playa. Lleve a alguien con usted. Caminando y hablando hacen que el tiempo de ejercicio parezca volar. Cuando haya terminado de hablar le sorprenderá lo lejos que ha caminado.

La Ceremonia Del Té

En cuanto a relajarse, siempre he tenido un amor especial de compartir una taza de té con un amigo. Muchas culturas han ele- vado este simple acto a un nivel de importancia suprema. Los Ingleses tienen la hora del té diariamente. Algunos japoneses han hecho del té una ceremonia de expresión religiosa.

Cuando disfruto de una taza de té, yo también disfruto de una o dos galletas pequeñas. ¡Pruébelo y deje que el té metabolice la galleta por usted!

Además de sus necesidades nutricionales, un momento relajado con un amigo puede hacer maravillas para su estado de ánimo. Como ya escribí anteriormente en la historia, *La Copa Remendada*, esta es la forma en que las mujeres han estado evitando la necesidad de los psiquiatras y terapeutas durante muchas décadas.

Bárbara es una autora, publicista y periodista. Su corta historia, "La Copa Remendada" aparece en la colección, Una Taza de Confort Para la Mujer, publicado por la Corporación de Adams Media. Ella es coescritora del blog: Comentarios Bifocales (un enlace a éstos aparecen en la wiki de Visión - Revisión WebBook) y dará a conocer su primera novela, basada en una historia real titulada, A Través De La Ventana, en el año 2012.

EL AGUA PARA LA MEDITACIÓN/ ES ELEMENTAL

Por Gordon Richiusa

(De un folleto y un inserto en el Go Tao Chi original)

¿Qué puedo decir acerca de la importancia del agua, el océano y el fenómeno de surfear que no se haya dicho? Hace años, escribí un libro que estaba lleno de fotos de olas y extractos de entrevistas que se realizaron mientras surfeaba. Yo siempre llevaba mi curiosidad periodística conmigo dondequiera que iba. Yo remaba en mi propia tabla y le preguntaba al extraño más cercano acerca de surfear y que tenía que ver con los cinco principios. Hoy en día, oímos el término "alma de surfista" ya que se refiere al surfeo como un esfuerzo espiritual.

El punto que estaba tratando de hacer con mis entrevistas (que admito que probablemente no tuve éxito en lograrlo) es que surfeando y de hecho apreciando las olas en la orilla de cualquier océano le puede ayudar a uno a ponerse en contacto con el Fluir de la Vida. Además de que el agua es esencial para la existencia de la vida (después del aire, es el ingrediente más importante para la supervivencia humana), se han conducido muchos estudios y hay pruebas de que estar en, y alrededor de agua es beneficioso en varios niveles.

Recientemente hubo incluso un fotógrafo (Masaru Emoto en su libro Los Mensajes del Agua), quien mostró con microfotografía, que en la forma que los seres humanos "sienten" o los pensamientos que estaban expresando - incluso las palabras que elegían al hablar en voz alta - en realidad afectaba la estructura molecular de la molécula del agua. Como usted sabe, el agua es un elemento que se puede experimentar en tres formas: Sólido, líquido y gas.

Hay un grupo de personas que creen que los seres humanos están estrechamente relacionados con los delfines y las ballenas, y lo que es conocido como el "reflejo de bucear." Todo lo que el ser humano tiene que hacer es tocar el agua con su cara y su ritmo cardíaco disminuye, haciendo que se necesite menos oxígeno. Otro grupo es partidario de "El parto en el agua" en la que las mujeres dan a luz en el agua porque es un ambiente más tranquilo que la habitación de un hospital. Además, un bebé (como un delfín o una ballena) no tratará de respirar hasta que su nariz salga al aire libre.

En cualquier caso, el agua ha sido una parte importante en mi vida desde temprana edad y he seguido la práctica de Go-Tao-Chi en la orilla de la playa como un lugar favorito para mejorar mi conocimiento espiritual. Para ilustrar más claramente los Principios de los Cinco Puntos, veamos cómo los humanos interactúan con el agua como una manera de ver cómo estamos relacionados con el mundo que nos rodea.

La natación, por ejemplo, NO es una actividad natural. Los seres humanos (y parientes cercanos de los monos, o simios que caminan en dos patas) no pueden nadar sin instrucción. Deben "aprender a nadar." La razón de esto, es simple física. Cada animal alcanza "flotabilidad neutral," en algún momento cuando se sumergen en el agua. Eso significa que todo flota. El problema es que la mayoría de los animales de cuatro patas alcanzan la flotación neutral a una profundidad donde todavía pueden mantener sus cabezas fuera del agua en una posición que es natural para ellos. Los seres humanos desafortunadamente, alcanzan la flotabilidad neutral, con sólo la parte superior de la cabeza (si tienen suerte) en la superficie, y con su boca bajo el agua. Esto es debido a que su posición natural es vertical, en dos piernas. Por esta razón, es más fácil enseñar a un bebé a nadar que a un adulto y es por eso que los anima- les cuadrúpedos siguen a su madre directamente al agua y nadan con facilidad. Los animales cuadrúpedos, cuando nadan, por lo general no están haciendo nada diferente a como lo harían en la tierra. El filósofo griego y matemático, Arquímedes se dio cuenta de que: "Cualquier objeto, total o parcialmente sumergido en un líquido, es impulsado por una fuerza igual al peso del líquido desplazado por el objeto." Es por eso que un barco enorme, hecho de hormigón o acero puede flotar. Debe llegar a su flotabilidad neutral, con su cubierta sobre la superficie.

James E. "Doc" Counsilman, en su libro *La Ciencia de la Natación* demostró la importancia de entender las leyes Físicas de Newton en el mejoramiento de las brazadas de natación. Todo, desde cómo la fricción y la propulsión afectan la brazada de natación, a "Un cuerpo en movimiento tiende a permanecer en movimiento," al concepto de que algunas personas son naturalmente más rápidas en el agua, basado completamente en el contenido de la grasa justo debajo de la piel. No obstante, no sería una exageración decir que Doc Counsilman vivió y murió en el estudio para mejorar la natación.

Todavía nado varias veces a la semana y surfeo o simplemente me siento o corro en o cerca del agua cuando no puedo meterme. Cada vez que me meto en el agua, si estoy nadando un estilo en particular, o simplemente flotando, pienso en "la forma de natación y el agua" que aprendí leyendo los libros de Doc Counsilman. También me gusta practicar el tai chi o los movimientos de yoga, simplemente flotando con mi cara debajo de la superficie, para que mi cuerpo se calme, mi ritmo cardíaco disminuye y me veo obligado a controlar mi respiración a un grado mayor de lo que podría hacer con mi cuerpo en tierra seca. Hay una manera "correcta" para interactuar con el agua que varía con el individuo, la forma del agua, y el último propósito que se está tratando de obtener de la interacción. Si usted está tratando de nadar rápido, entonces ciertas leyes de física son relevantes e importantes. Si usted está buceando o flotando, entonces el principio de la flotabilidad de Arquímedes está trabajando, ya sea que lo sepa o no. Si simplemente está viendo derramarse el agua sobre un terraplén o golpeando en la orilla o caer congelada en forma de copo de nieve, su conocimiento siempre está aumentado por una combinación de conceptos y experiencia.

Por último, cuando pienso en los momentos más memorables de mi vida, el estar dentro de un "tubo" de una ola, con el sonido acompañante, la visibilidad y la estimulación física es algo que está grabado en el centro de mí ser como ser trascendental. El mo- mento breve de vistas únicas, sonidos, sentimientos que son una recompensa directa por las decisiones conscientes, y motivaciones que me llevaron a ese lugar en la ola, son un regalo de la vida que incluso el más terco y testarudo ser humano puede apreciar.

Nota del autor / editor: El siguiente es un extracto de la Trutopia de Jhoon Rhee. Para ustedes, los académicos, noten las similitudes entre la filosofía Jhoon Rhee y las atribuidas a otros grandes filósofos como Aristóteles y Sócrates. Además, cuando quiera, trate de sustituir las palabras "Artes Marciales" o "Tae Kwon Do" con el "éxito" u otros términos familiares para usted en su propia disciplina. No sabemos cómo empezar a expresar nuestra gratitud al Sr. Rhee por permitirnos incluir estas páginas en nuestro texto.

MI VISIÓN PARA EL TERCER MILENIO

Por el Gran Maestro Jhoon Rhee

Nosotros, los Artistas Marciales, ciudadanos del mundo, declara- mos al mundo, "Guiar Dando el Ejemplo Con Acción Filosófica." Todos sabemos que una imagen vale más que 1000 palabras, pero también debemos saber que una acción vale más que 1000 imágenes. "Guiar Dando el Ejemplo con Acción Filosófica" está diseñado para inspirar a todas las personas a estar más iluminadas; para asegurar la educación efectiva de los niños para la unidad familiar, y promover la diversidad cultural para la armonía universal. "Guiar Dando el Ejemplo Con Acción Filosófica" se puede lograr a través del "Gozo de la Disciplina" - un programa de ejercicio físico y mental que nos puede llevar a lograr "100 Años de Sabiduría en un Cuerpo Joven de 21 Años," la base para una sociedad global feliz.

"Guiar Dando el Ejemplo Con Acción Filosófica" es una nueva campaña social para despertar de una sociedad global perfecta en el Tercer Milenio. No es una religión, pero reconoce una Inteligencia Suprema como el origen de la vida y la felicidad. Las personas se mueven constantemente para evitar el dolor o para buscar la alegría y la comodidad.

Por lo tanto, el propósito universal de la vida, es sin lugar a dudas, la felicidad. El valor final de la felicidad es Amor, solo la Belleza activa la emoción del amor; y sólo la Verdad embellece el corazón humano. Por lo tanto, cuando soy sincero, mi corazón es bello; cuando mi corazón es bello la gente me quiere; cuando la gente me quiere, me siento feliz.

Por el contrario, cuando engaño, mi corazón es feo; cuando mi corazón es feo, la gente me odia; cuando la gente me odia, yo soy infeliz. Por lo tanto, una manera sincera de vida no sólo es buena, sino también sabia, engañar no solo es incorrecto, sino también necio. La Verdad, la Belleza y el Amor son los tres elementos básicos de lo Bueno que debemos vivir cada día. El engaño, la fealdad y el odio son los tres elementos básicos del mal que debemos reconocer, pero nunca practicar. Todos los pensamientos de la Verdad, Belleza y el Amor segregan una sustancia cerebral positiva, Beta-Endorfina, para una mejor salud y felicidad, pero los pensamientos de engaño, fealdad, y odio segregan Adrenalina, que conduce al estrés que puede causar enfermedades mortales.

Todos hemos nacido para ser felices con cada aliento de vida. Todos merecemos el medio ambiente social más alegre para la felicidad global absoluta. La base para una sociedad feliz es el carácter humano perfecto, ejercer la verdadera libertad aprobado por la propia conciencia, y nunca practicar falsa libertad permitido por el instinto animal egoísta. La gente del Tercer Milenio deben ser seres humanos perfectos, definidos por no cometer errores a sabiendas, de no perjudicar a nadie, y de beneficio para todos. Por lo tanto, como un artista marcial, lo primero que se debe desarrollar es un cuerpo perfecto como el templo de una mente perfecta.

Un ser humano ideal es aquel que ha alcanzado una educación que consiste en tres cualidades humanas básicas - Fortaleza, Honestidad y Conocimiento. El propósito del conocimiento es para tomar acción, porque el saber no hace que las cosas sucedan, pero las acciones siempre lo hacen. Todos los padres del Tercer Milenio deben convertirse en maestros de sus hijos, no sólo con palabras sino también con sus acciones, porque los niños han nacido para aprender no sólo con escuchar, sino más bien observando las acciones de los adultos. Un buen comportamiento consistente y una acción espontánea vienen sólo por las habilidades y los buenos hábitos.

Las Tres Reglas de Oro para padres y maestros para ayudar a los niños a desarrollar muchas habilidades y hábitos buenos son: **(1)** Guiar dando el ejemplo. **(2)** Nunca deje de corregir sus errores con una sonrisa hasta que los buenos hábitos se formen. **(3)** Guiar con el ejemplo continuamente.

Por lo tanto, recito Mis Cuatro Afirmaciones diarias para reafirmar mi compromiso diario, para alcanzar 100 años de sabiduría en un cuerpo joven de 21 años, de la siguiente manera:

1. Yo me gusto, porque siempre tomo medidas para hacer que sucedan cosas buenas.

2. Yo soy humanamente perfecto, porque nunca me equivoco a sabiendas.

3. Yo soy sabio, porque siempre aprendo algo bueno diariamente

4. Yo estoy feliz de quien soy, porque siempre opto por ser feliz.

"Por lo tanto, yo soy uno de los sabios, humanamente perfecto, activo y centro feliz del universo." --Jhoon Rhee

Siete Cualidades De Un Campeón

A. Artes Marciales Como Filosofía De Acción

Cuando por primera vez me convertí en un instructor de Taekwondo, dije que mi arte marcial es una filosofía, que puede ser muy fundamental en el desarrollo de nuestra juventud a través de la disciplina mental y el acondicionamiento físico. Sin embargo tuve problema en justificar cómo puñetazos y patadas podrían ser una filosofía. Al principio del año 1970, yo estaba escribiendo una columna para la revista Blackbelt (Cinturón Negro). El editor me pidió que escribiera un artículo para justificar el Taekwondo como una filosofía. Sentí que estaba en problemas, porque yo no sabía qué decir. Durante tres meses de investigación, tuve la oportunidad de desarrollar mi artículo, "Siete Cualidades De Un Campeón," que ha pasado a convertirse en algo muy popular entre los artistas marciales de otros estilos variados.

Los psicólogos dicen que la lógica no siempre puede activar una emoción, pero las acciones siempre lo hacen. La forma más eficaz para crear un estado mental deseado es por una actividad fisiológica que es paralela a este estado deseado. En otras palabras, nuestro estado mental es causado, no sólo por pensamientos, pero también a través de las fisiologías, como las palabras habladas, las acciones y posturas escogidas del cuerpo. Cuando le pregunto a mi audiencia: "Por favor, traten de estar triste," casi todos bajan la cabeza y los hombros. Si yo pregunto: "Traten de estar emociona- dos," entonces, casi todos levantan la cabeza y enderezan sus pos- turas corporales.

El Dr. Bernie Siegel es el autor de un libro que se llama Amor, Medicina y Milagros. Él es un cirujano que ha trabajado con pacientes de cáncer usando imágenes psicológicas. Lo fascinante es cómo la mente y el cuerpo están cercanamente relacionados. Por ejemplo, él dice que a doce pacientes con cáncer se les dio una píldora y se les dijo que era una píldora de quimioterapia. Sin embargo, a seis de los pacientes se les administró sólo un placebo. ¿Adivine qué pasó? Los doce pacientes, incluyendo los que se les dio solo placebos, se les cayeron el cabello. En otras palabras, debido a que estas personas creyeron que la píldora puede causar la caída del cabello, este fue el mensaje que sus mentes le dio a sus cuerpos, y sus cuerpos reaccionaron. ¿No es eso asombroso?

De estas observaciones, aseguré que las artes marciales pueden ser "filosofías de acción" que pueden ayudar a cambiar el comportamiento de los niños. La esencia de la enseñanza de las artes marciales debe ser la filosofía, ya que las artes marciales sin filosofía es sólo una pelea callejera.

Ahora vamos a examinar cómo las cualidades físicas pueden mejorar las cualidades humanas, que pueden ser aplicadas a nuestras vidas cotidianas. En un campeón de artes marciales y de la vida, encontramos correspondientes cualidades paralelas.

Hay siete cualidades físicas básicas que son desarrolladas a través del entrenamiento de las artes marciales. Estas cualidades físicas pueden ser transformadas en cualidades humanas, porque el cuerpo y la mente son tan inseparables como el calor y la luz en una llama. Es un importante descubrimiento psicológico que un movimiento provoca una emoción, tanto como, una emoción provoca un movimiento. En otras palabras, nos sentimos felices cuan- do cantamos, también cantamos cuando estamos felices. Para convertirse en un verdadero campeón de la vida, y en las artes marciales, hay que desarrollar las siguientes cualidades humanas y hacer un hábito de acciones positivas.

B. Siete Cualidades De Un Campeón

1. Poder / Conocimiento / Poder Capital

Uno nunca se convertirá en un campeón de artes marciales sin desarrollar poder, fuerza mental y física. Todos tenemos el potencial para ser genios, y todos pueden convertirse en un experto en al menos un área, a través del cual podemos servir a los demás para la felicidad mutua. Hay dos clases de conocimiento: El de los asuntos mundanos y el de los asuntos mentales. El conocimiento de los asuntos mundanos nos permite hacer algo para nosotros mismos primero, y luego podemos compartir con los demás. El conocimiento de los asuntos mentales nos permite desarrollar un buen carácter para una mejor relación humana con los demás.

Complementando el conocimiento de la mente, es el conocimiento de los asuntos mundanos, que nos muestran el camino a la fuerza intelectual. A medida que se genera nuestra fuerza física a través del desarrollo de los músculos por el ejercicio diario, también debemos desarrollar la fuerza mental a través del desarrollo de nuestros músculos mentales, con ejercicios mentales diariamente, el pensamiento positivo, la memorización, análisis, creatividad y la solución de problemas.

Un cuerpo sano solo proporciona la comodidad física, pero no la paz mental o la felicidad.

La honestidad puede traer la paz mental, pero no necesariamente la felicidad, que es el último propósito de la vida. Una persona honesta no podría hacerle daño a nadie, pero sin el conocimiento o habilidad, él o ella no pueden contribuir a la sociedad.

La verdadera felicidad viene de estar físicamente libre para hacer las cosas que la mente desea. Las fuerzas mentales y físicas juntas, nos pueden proporcionar los medios necesarios para actualizar nuestros deseos. Una persona es el producto de su crianza y educación, con una capacidad aparentemente ilimitada e innata para aprender, si sólo uno entendiera la manera de descubrir su capacidad máxima.

A medida que nuestros cuerpos crecen, también lo hacen nuestras mentes. Una de las causas principales de la infelicidad son los errores que cometemos diariamente, ya sea a sabiendas (delitos) o inconscientemente (accidentes); de cualquier manera, nos hacen daño. A través de la educación, la raza humana ha hecho mucho para mejorar sus condiciones de carácter económico. Creo que to- do el mundo nace genio y tiene el potencial para lograr éxito si se tiene la actitud correcta y el deseo de triunfar.

"Un genio está hecho por el uno por ciento de inspiración y un 99 por ciento de transpiración." -- Thomas Edison

Estoy muy contento de que nuestra profesión, la enseñanza de las artes marciales, es reconocida como una de las artes más bellas por el público en general, especialmente cuando sus movimientos son sincronizados con la música. John Adams, al comienzo de su vida profesional implicó que el propósito de estudiar es para aumentar las artes para el cumplimiento definitivo de la felicidad humana. Nosotros, como campeones de artes marciales, debemos desarrollar nuestros poderes fortaleciendo el cuerpo, corazón y mente, con el fin de eficaz y eficientemente aprender a aplicar continuamente nuestro oficio. El fallecido legendario entrenador de baloncesto de UCLA, John Wooden de 98 años de edad dijo: *"Cuando yo haya terminado de aprender, entonces ya he termina-do."*

Mientras estamos vivos, no deberíamos de dejar de aprender. Así, que vamos que cultivar poder desarrollando fuerza en el cuerpo, honestidad en el corazón, y conocimiento en la mente. Podemos aumentar nuestro conocimiento mental a través del constante aprendizaje, escuchando a nuestra conciencia y la razón, y acumulando conocimiento de las cosas del mundo, prestando mucha atención a nuestros maestros y al mundo que nos rodea. Con ambas formas de conocimientos, internas y externas, vamos a desarrollar fuerza dentro de nosotros mismos y ser capaces de influir positivamente a los que nos rodean.

Así como nosotros los artistas marciales desarrollamos un hábito diario de ejercitar nuestros músculos, para así convertirnos en campeones, también debemos desarrollar un hábito de aprendizaje diario con el fin de convertirnos en campeones humanos. Los que desarrollan hábitos diarios de ejercicio y de aprendizaje sin lugar a duda han de alcanzar éxito financiero, así como la verdadera confianza y orgullo necesario para una vida feliz.

2. Rapidez / Alerta / Conciencia

La palabra "Accugolpe" fue dada a conocer mientras entrenaba a Muhammad Ali para defender su título en la pelea contra el campeón Británico Richard Dunn en Munich, Alemania en 1976. Yo definí "Accugolpe," como un golpe ejecutado en el momento en que yo decido dar el puñetazo - un golpe del cuerpo y la mente en sincronización. No debe haber ningún espacio de tiempo entre la decisión y la ejecución del golpe. Esto no sólo eliminará el movimiento telegráfico, sino también un aumento de la aceleración y un enorme aumento de poder. He estado aplicando este principio en mi vida diaria: "Nunca hay que procrastinar."

Cuando dirijo mis seminarios de artes marciales, me gusta hacer una demostración de golpes con la ayuda de dos o tres voluntarios de la audiencia. Les pido que bloqueen un golpe dirigido a sus rostros. Nadie ha sido capaz de bloquear este golpe; aunque por suerte, una vez en Hawái lo hizo un caballero. La verdad es que es casi imposible de bloquear, no sólo porque mi golpe es rápido, sino también porque comprendo el principio psicológico del "Accugolpe." Este principio consiste de golpear en el mismo instante que se realiza la decisión del puñetazo.

Cuando usted ve una luz roja mientras conduce, no puede pisar el pedal del freno en el mismo momento que la luz cambia. Se necesita tiempo para comunicar - sus ojos le dicen al cerebro, y su cerebro le dice a su pie que pise el freno. El tiempo requerido para reaccionar se llama "tiempo de reacción humana." Este retraso es la razón por la cual, al diseñar las luces del tráfico, el tiempo que la luz amarilla dura está determinado por el límite de velocidad y el ancho de cada intersección. Para ser un campeón en la vida, no sólo se debe ser capaz de reaccionar físicamente con rapidez, también debemos desarrollar la capacidad de pensar rápidamente cuando enfrentamos desafíos y resolver problemas en la vida diaria.

Obviamente, es un principio muy importante para todos los combatientes de pegar sin ser bloqueado.

El objetivo del juego en una pelea, es golpear al enemigo antes de que él pueda golpearle a usted. Mantenerse un paso delante de su contrincante es la clave del éxito. Es posible que no tengamos control sobre las técnicas que nuestros rivales lanzan contra nosotros, pero lo que está dentro de nuestro control es la forma de contraatacar o iniciar una táctica ofensiva.

Por la misma razón, no tenemos control sobre los desafíos de nuestra vida cotidiana; sin embargo, nosotros controlamos la forma en que nos preparamos con anterioridad y reaccionamos ante cada incidente. Es nuestra actitud la que determina el resultado de todo en nuestra vida diaria. Así como va a fallar en la mayoría de sus objetivos por no tener el hábito de responder rápidamente, aquellos que tienen la costumbre de procrastinar no tendrán éxito en la vida, porque son ladrones de su propio tiempo.

Por lo tanto, vamos a desarrollar el hábito de pensar rápido y mantenernos un paso adelante de la competencia estando siempre preparados en la vida cotidiana, del mismo modo que desarrollamos velocidad para mantenernos adelante de un oponente con el fin de convertirnos en un campeón en las artes marciales. Recuerde que nunca debemos procrastinar, porque los procrastinadores son los ladrones de su propio tiempo.

3. Sincronización / Puntualidad / Entrega a Tiempo

Con el fin de convertirse en un campeón de artes marciales, uno debe desarrollar casi perfecta sincronización. Desarrollar velocidad y poder, no es suficiente para convertirse en un campeón. Ser el más rápido y más fuerte no equivale necesariamente con el éxito, a menos que el individuo aprenda a actuar en los momentos apropiados. Durante el combate, no hay tiempo para pensar. Cada movimiento tiene que hacerse en el momento preciso a fin de conectar al oponente. A través de la práctica constante, vamos a ser capaces de lanzar patadas y puñetazos al blanco correcto, en el momento oportuno.

De la misma manera, con el fin de convertirnos en campeones en la vida, debemos desarrollar el hábito de escoger el momento adecuado y actuar apropiadamente para el éxito. Esto incluye desarrollando el hábito diario de la puntualidad, honrando las citas hechas con nuestra familia, amigos, compañeros, y otros asociados. Como George Washington, dijo: "La disciplina es el alma del ejército."

La disciplina de respetar el tiempo es una manera de desarrollar el respeto a sí mismo, el primer paso hacia el respeto a los padres, profesores y compañeros. Hay muchos que son capaces, mas sin embargo, fallan en la vida debido a la falta de disciplina en el uso adecuado del tiempo. Estamos limitados por el tiempo y el espacio y debemos respetar a ambos siendo puntuales. Con el hábito de ser puntuales, desarrollamos una buena reputación y creamos credibilidad--cualidades que son la base para el éxito en la vida. La expresión, "Para tener éxito, uno debe estar en el lugar correcto y en el momento adecuado," resume la importancia de la puntualidad para convertirse en un campeón en la vida.

En mi último año en la Universidad de Texas, uno de mis profesores dijo: "Cuando obtenga su trabajo, desarrolle el hábito de estar en su oficina cinco minutos antes de empezar su trabajo en la mañana, y salir de su oficina cinco minutos después del tiempo de cierre, su jefe de seguro que se lo agradecerá y usted será el que será promovido cuando haya una posición vacante."

Por lo tanto, vamos a desarrollar puntualidad en la vida cotidiana, al igual que desarrollamos un buen sentido del tiempo para convertirnos en campeones en las artes marciales.

4. Resistencia / Perseverancia / Persistencia

En las artes marciales, un campeón debe entrenar para desarrollar resistencia--una forma de resistencia cardiovascular y muscular. El Instituto Jhoon Rhee creó el "contador doble," un programa de entrenamiento para principiantes en combate, que es un método para desarrollar la determinación de un estudiante para ganar.

Este programa crea el hábito de dar un segundo o tercer contragolpe cuando los ataques son bloqueados y contraatacados. Frecuentemente, no tenemos éxito en el primer intento de contraatacar a nuestro contrincante, pero regularmente lo hacemos en el segundo o tercer intento.

Thomas Edison, el inventor más grande en la historia moderna, habló palabras de sabiduría después de fracasar tantas veces en sus experimentos para desarrollar el filamento incandescente de car- bono-impregnado utilizado en la primera bombilla de luz. Después de 5,000 experimentos, un joven periodista le preguntó por qué insistía en sus experimentos después de tantos fracasos. Edison respondió: "Joven, usted no entiende cómo funciona el mundo. No he fracasado en lo absoluto. He logrado identificar 5,000 formas que no funcionan. Esto me pone 5,000 formas más cerca a la forma en que va a funcionar."

Dependiendo del individuo, el ser persistente puede cambiar no sólo el destino de una persona, pero la historia de todos los humanos. Marvin White, uno de mis estudiantes de cinturón marrón, nació con el síndrome de la talidomida fetal, tiene una sola pierna, dos codos, y sólo un pulgar en el codo izquierdo. Él acostumbraba venir a ver las clases en uno de nuestros estudios de Taekwondo en Stafford, Virginia, donde su hermano menor se había convertido en un estudiante. Un día, el Maestro Ken Carlson, el instructor principal, le dijo a Marvin que si quería, él también podría aprender artes marciales. Al principio él no le creyó al Maestro Carlson, pero el intento persistente del Maestro finalmente convenció a Marvin a tratar. Un año más tarde, Marvin podía romper dos tablas con una patada giratoria de 360 grados, dos tablas y un bloque de hormigón con el codo, y una tabla detenida a la altura de la cabeza con un salto y una patada frontal. Después de sus demostraciones, tocó los corazones de muchos, incluyendo el mío, al decirle al público: "Yo no soy 'Marvin el Maravilloso,' pero yo soy un Marvin Feliz. Si yo puedo ser feliz, no hay ninguna razón por qué alguien mas no puede ser feliz."

La persistencia está frente a los desafíos, pero también incluye la capacidad de desarrollar y mantener un nivel constante de éxito. Establecer consistencia se puede manifestar a través de la práctica universal de mantener la asistencia perfecta - llegar a tiempo al trabajo o la escuela cada día.

Asistencia perfecta es emblemática de este principio porque muestra la capacidad del individuo dando prioridad a lo que es importante, su trabajo o la escuela. Para establecer una asistencia perfecta, estas personas no deben ser distraídas por otras prioridades menos importantes, o ponerse en riesgo de enfermarse. Mientras que los éxitos momentáneos pueden ser difíciles de lograr, metas a largo plazo, tales como asistencia perfecta se pueden hacer, pero requieren de un esfuerzo persistente. Por ejemplo, en el Salón de la Fama el jugador de béisbol Cal Ripken, Jr., era un excelente parador en corto (short stop) y jugador de tercera base. Sin embargo, se le conoce como el "Hombre de Hierro" porque mantuvo un alto nivel de rendimiento y estuvo saludable por 2,632 juegos consecutivos, ¡en un lapso de más de 16 años!

Por lo tanto, vamos a desarrollar un sentido de persistencia en la vida diaria, así como desarrollamos el sentido de la resistencia para convertirnos en campeones en las artes marciales.

5. Balance / Racionalidad / Estabilidad

Con el fin de convertirnos en campeones de las artes marciales, debemos tener un buen sentido del equilibrio físico, cuando se pierde el equilibrio en una pelea, se puede perder la pelea. Cuando usted está pateando con una pierna, tiene una sola pierna para equilibrar su cuerpo. Por medio de un entrenamiento disciplinado debe desarrollarse este sentido de equilibrio para convertirse en un campeón de artes marciales.

En muchas ocasiones en mis escritos, he repetido el lema, "fuerza en el cuerpo, honestidad en el corazón y conocimiento en la mente," porque nuestro objetivo es hacer que todos los niños de la próxima generación sean capaces de cumplir con los requisitos para una verdadera humanidad: Fuerza, honestidad y conocimiento--un perfecto carácter humano.

Una persona con sabiduría y carácter que no tiene fuerza no será capaz de funcionar físicamente; una persona con sabiduría y fuerza sin carácter será peligrosa; y una persona de carácter y fortaleza, pero sin conocimiento no estará en gran demanda en cualquier sociedad. Por lo tanto, es nuestro deber construir cualidades equilibradas de salud, carácter y sabiduría comenzando de la edad más temprana posible, antes que los niños se contaminen por el ambiente social negativo.

Para ser un campeón en las artes marciales, uno debe desarrollar el dominio de la habilidad de usar ambas manos y ambos pies. No es suficiente desarrollar un lado dominante o fuerte para patadas o golpes. Esto no sólo limita las posibilidades del individuo, sino que también creará una dependencia, lo que puede ser explotada si el lado dominante se lastima.

Además, un campeón de artes marciales debe ser experto con ambos pies y manos y ¡cuatro armas son sin duda mejores que sólo una o dos! Por esta misma razón, un campeón en la vida tiene que equilibrar con éxito la buena salud por medio de una dieta adecuada (comiendo cantidades moderadas de alimentos saludables), ejercicio y descanso, y disfrutando de aficiones, así como también disfrutando de exitosas relaciones interpersonales en el trabajo o la escuela.

Todos tenemos que balancear nuestras chequeras. En el mundo de los negocios, nuestro estado financiero debe ser balanceado. Las familias trabajan en balancear sus presupuestos. Nuestro gobierno se ejecuta en una base de cheques y balances y debe esforzarse continuamente por balancear el presupuesto nacional. Los políticos de cualquier nación deben equilibrar su poder balanceando los poderes ejecutivo, legislativo y ramas judiciales del gobierno.

Vamos a desarrollar un sentido de equilibrio mediante el cultivo de fuerza en el cuerpo, honestidad en el corazón, y conocimiento en la mente, al igual que un artista marcial también debe desarrollar un sentido de equilibrio físico entrenando ambos lados del cuerpo y parándose sobre una pierna a la vez.

6. Flexibilidad / Gentileza / Adaptabilidad

La flexibilidad es una de las características físicas más importan- tes para los artistas marciales, especialmente cuando se trata de la ejecución de patadas altas. Más importante aún, una buena flexibilidad ayuda a prevenir lesiones musculares y de ligamentos y nos ayuda a mantener nuestra juventud física. Por la misma razón, una mente abierta es el centro para convertirse en un campeón en la vida.

La naturaleza del agua es el mejor ejemplo de la clase de carácter flexible, que todas las personas deben aprender. (¿No es interesante que nuestros cuerpos sean mayormente compuestos por agua?) El agua no tiene forma, no tiene color, no tiene olor y no tiene sabor. Cuando se vierte en un recipiente redondo, su forma es redonda; cuadrada en un recipiente cuadrado. Cuando se agrega colorante rojo, se convierte en agua roja; agua azul con colorante azul y amarilla, negra y así sucesivamente.

Cuando bebemos agua, se convierte en nuestra sangre, hormonas, lágrimas, y muchas otras formas de líquido, que el cuerpo humano necesita. El agua se convierte en vino con las uvas o cualquier otra fruta; cuando se mezcla con jabón, se convierte en agua jabonosa que puede limpiar la suciedad. Cuando el agua se mezcla con arena y cemento, se convierte en edificios.

El agua de lluvia viene del cielo, pero siempre busca los lugares más bajos de la tierra, para mojar toda la tierra seca, para dar vida al reino de las plantas que a su vez da vida a los del reino animal, incluyendo a toda la humanidad. Luego, el agua como vapor en silencio desaparece en el cielo otra vez sin reclamar ningún crédito.

La mayoría de las religiones dogmáticas tienen sus propias formas fijas como el hielo duro y frío. Proclaman ser la única verdad negando las creencias de otras religiones. Rígidamente conforme a nuestras creencias de cualquier dogma de la religión, congela nuestro potencial y se limita en el bloque de hielo prescrito por la religión. En su lugar, vamos todos a esforzarnos para ser como el agua--sin límites en nuestro potencial.

Hoy en día, demasiados conflictos son causados por las personas rígidas, de mente cerrada que carecen de una comprensión hacia los demás. Nosotros debemos ser siempre de mente abierta y respetar a los demás. Uno de los problemas sociales más importantes son las diferencias en las creencias entre las personas que siguen las religiones dogmáticas. A muchas personas se les enseña: "Si no crees en mi Dios, irás al infierno." Esta es realmente una visión de mente estrecha y muy ofensiva para otras personas. Yo se que la gente cree en la libertad de religión, sin embargo, algunos todavía creen que aquellos que no creen en su religión serán condenados por la eternidad.

Traté de averiguar la razón por la cual algunas religiones glorifican el suicidio para agradar a Dios; descubrí la razón. Algunas religiones han enseñado a la gente a vivir y morir para honrar a Dios desde el comienzo de la historia humana. No estoy seguro de que esta enseñanza es la voluntad de Dios. Si el amor de Dios es incondicional, la enseñanza tiene que ser cambiada. Estoy seguro de que la mayoría de los padres con estas creencias religiosas deben vivir con la preocupación constante de que sus hijos pueden cometer suicidio.

Me imagino que Dios se pone muy triste cuando la gente se suicidan por Él, al igual que los que somos padres físicos estaríamos desconsolados si nuestros hijos se suicidaran para complacer a sus padres - nosotros. Debemos entender que Dios no es egoísta como lo somos nosotros. Aunque las personas son egoístas, ningún padre exige a sus hijos a vivir y morir por ellos. Si el amor de Dios es incondicional, yo creo que Dios debe estar diciéndonos: "Hijos, Yo no los crie para Mi propia gloria; los he creado para que vivan su propia felicidad. No se preocupen por Mí en lo absoluto; sólo disfruten sus vidas amándoos unos a otros. Además, no hay nada que puedan hacer por Mí de todos modos. Amar a sus hermanos y hermanas, mis queridos hijos, es la única manera que me pueden honrar. Como dijo Benjamín Franklin: "El servicio más aceptable que prestamos a Dios es en hacer el bien a Sus otros hijos."

"El hombre nace suave y débil.
Al morir, él está duro y rígido.
Las plantas verdes son tiernas y llenas de savia.
Al morir están marchitas y secas.
Por lo tanto, lo rígido e inflexible es el discípulo de la muerte,
Y lo suave y dócil es el discípulo de la vida." -- Lao Tzu –

Mantener la flexibilidad mental también amplía nuestra capacidad de encontrar los momentos más inesperados del aprendizaje y el éxito y junto con nuestro tiempo, nos permiten sacar provecho de la más improbable de las ocasiones o las fuentes inesperadas de inspiración. Por ejemplo, los profesores de mente abierta, son capaces de mejorar sus habilidades para enseñar, aprendiendo de los estudiantes quienes pueden plantear una pregunta extraña o causar que el maestro reconsidere una propuesta para resolver un problema. A esto le llamamos, “momentos de enseñanza.”

Un campeón en las artes marciales, también, debe mantener una mente abierta con el fin de seguir creciendo y progresando, sobre todo después de obtener el Cinturón Negro, porque después de haber logrado finalmente este rango, esto puede convertirse en una excusa para la complacencia. Obtener el Cinturón Negro en un estilo particular de las artes marciales, no es más que el comienzo de una continua jornada de aprendizaje para toda la vida.

Obtener el Cinturón Negro significa que el individuo ha demostrado capacidad en el desarrollo de conceptos básicos y en numerosas extensiones de esos fundamentos básicos. Al igual que con los estudiantes de cualquier otro rango, los Cinturones Negros deben ser receptivos a las lecciones que sus mayores con cinturones negros les pueden proporcionar, así como mantenerse sensibles a los “momentos de enseñanza” que puedan surgir al interactuar con sus compañeros o estudiantes menores.

Vamos a aprovechar nuestro potencial ilimitado actualizando el principio del agua y manteniendo o cultivando una mentalidad abierta, que amplía nuestros horizontes. Como Lao Tzu expuso, la mente cerrada es el principio del estancamiento y la muerte. Para ser campeones en la vida y en las artes marciales, se debe mantener la flexibilidad mental y física, con el fin de mantener nuestras mentes y cuerpos jóvenes y vibrantes.

7. Postura / Honestidad / Integridad Empresarial

En las artes marciales, la postura erguida le da una belleza equilibrada al arte. Esta belleza es apreciada no sólo por los artistas marciales, sino también por el público en general. Como la norma de la belleza física--simetría y proporciones relativas--es en general universal, la belleza interior de una persona con buena postura--alineación correcta - también es universal.

El campeón de artes marciales debe desarrollar una buena postura, que requiere una buena flexibilidad y persistencia para alinear correctamente el cuerpo. El desarrollo de una buena postura en las artes marciales tiene un atractivo estético, pero lo que es más importante, es esencial para la aplicación eficiente y eficaz de técnicas - ya sea para el combate (entrenando o defensa personal) o para realizar demostraciones públicas. Tener mala postura dificultará y debilitará el poder y la velocidad de un movimiento, minimizando su impacto.

Como es de vital importancia para los artistas marciales, una buena postura, también es clave para convertirse en un campeón en la vida. La postura es la manifestación externa del carácter de una persona. Una postura alineada representa el carácter de una persona que es correcta y recta, por medio de la honestidad, mientras que la postura torcida representa un carácter defectuoso. Hay una razón por la frase "ciudadano recto" y se asocia con tener un buen carácter. Desde un punto de vista físico, el desarrollo de una buena postura es crítico para el mantenimiento de nuestra juventud física. La postura, ya sea alineada o encorvada–afecta directamente la salud de nuestra columna vertebral, que podría significar la diferencia entre el envejecimiento rápido o el envejecimiento con elegancia. Si desarrollamos un hábito de pararnos, sentarnos, y acostarnos en alineación con nuestra curvatura natural de la columna, nuestra columna vertebral se mantendrá saludable y mantendrá nuestro cuerpo en posición vertical por los años venideros.

Como antes mencionado, la posición de nuestros cuerpos impacta nuestro estado de ánimo: Cuando le pido a mi audiencia demostrar físicamente tristeza, sus cuerpos se encorvan y cuando les pido que demuestren felicidad, se ponen en posición vertical. Además de mejorar el estado de ánimo, una buena postura mejora nuestra condición social y la imagen.

He pasado diez años investigando cómo inventar unas correas para los hombros que corrijan la columna vertebral.
Las posturas de los niños están más torcidas que nunca debido a la forma en que se sientan frente a sus computadoras.

Algunos niños están pegados a sus computadoras por diversión y juego. Algunos están allí para los estudios. Espero que algún día todos los gobiernos inventen algo como las correas para los hombros disponibles para los niños, sobre cuyos hombros está el futuro de sus países.

Vamos a volver a descubrir y mantener una buena postura, no sólo para nuestra salud, posición social y la buena apariencia, sino también como una manifestación de nuestra disciplina mental, mientras que desarrollamos buen carácter mediante la veracidad.

Gordon Richiusa

UNA EXPLICACIÓN DE LOS CINCO PRINCIPIOS DE FASST / DUX RYU

Por Frank Dux

Mis palabras son a veces torcidas. Estoy muy agradecido por esta oportunidad para explicar cómo mi programa FASST es consistente con los Cinco Principios de Todo.

¿Qué representa FASST?

(F) **Fijar** - La mentalidad: El esfuerzo concentrado, las decisiones hechas con anticipación, la capacidad de utilizar el miedo y decidir sin distracción ni vacilación en un plan de acción (centrado hasta el punto de ser firme ante las adversidades, la muerte, etc).

(A) **Acción** - Comportamiento voluntario o previsto, a diferencia de un comportamiento forzado / siendo Proactivo vs. Reactivo.

Esos hechos definibles y observables que demuestran el compro- miso: (participando físicamente en un conflicto no con pánico, pero con sabiduría).

(S) **Habilidad** - Las características individuales adquiridas a tra- vés de experiencia y entrenamiento. Las capacidades físicas que uno posee: Por ejemplo, velocidad explosiva, resistencia, acondicionamiento para el trauma, sincronización, distancia, reacción reflexiva e instintiva así como limitaciones proactivas / ofensivas, etc.

(S) **Estrategia** - Objetivos a largo plazo: La capacidad de desarrollar, crear, adaptar, percibir, para idear un plan de acción y lograr una meta / resultado.

(T) **Táctica:** "La caja de herramientas" es la metodología de la búsqueda y la aplicación de los medios para lograr determinado e inmediatos resultados a corto plazo. (La ciencia de organizar y maniobrar en la batalla, es para lograr un limitado e inmediato objetivo, utilizando estas maniobras para defenderse de una cuchillada o una patada frontal).

Una Ciencia Individual / Un Enfoque Personalizado

Utilizando FASST / Dux Ryu en un combate, se puede adaptar y combinar técnicas individuales aprendidas - las que mejor le sirven a cada uno en la fuerza y la debilidad individual. En lugar de reaccionar, se actúa controlando el ritmo y el paso de cada acción de combate a favor de uno, que se puede lograr por el dominio sobre los ángulos de evasión y ataque - las leyes que rigen los juegos de pies y golpes.

De este modo, uno evita las dificultades como la del hombre o mujer de 300 libras, cinco pies de altura, quien se ha inscrito en una clase rígida tradicional de artes marciales para defensa personal, donde se espera que uno deba cumplir, posiblemente para mantener el estilo puro. Este requisito ignora el aparente hecho de que uno es físicamente incapaz, de utilizar el estilo a su máximo potencial. Por ejemplo, no se enseña otra alternativa, sino tratar de patear arriba de la cintura para defenderse de un atacante, ya que el dominio de las patadas es el punto central del sistema de defensa propia y no se adapta a todos los practicantes. Incapaz de optimizar sus capacidades completas, la lógica dicta que estos practicantes siempre van a quedar más vulnerables y limitados de lo necesario.

En el caso de FASST / Dux Ryu - aunque las patadas son enseñadas - el vasto arsenal de técnicas, amplitud del tema y la flexibilidad del sistema permitirá que el mismo hombre obeso o mujer puedan descubrir y optimizar su peso y tamaño de una manera por la cual sea explotado. Por ejemplo, el peso obeso se convierte en una táctica con ventaja, cuando este practicante está concentrándose en golpes fuertes, luchar y técnicas de asfixiar, en la que su tamaño le proporciona una ventaja sobre un agresor menos formidable o de menor tamaño.

También ocurre lo contrario, si fuese una persona más pequeña, y más frágil, tendría escasas o pocas posibilidades tratar de tirar a alguien del doble de su tamaño al suelo. Sin embargo, el tamaño pequeño y baja estatura le hace excepcionalmente mortal en una situación letal, donde el podría atacar las extremidades inferiores, perforando la arteria femoral con facilidad, produciendo la muerte, incluso en un hombre gigante, en cuestión de unos segundos.

El alumno de FASST / Dux Ryu no se ajusta al sistema, ni tampoco debe abandonar lo que él sabe, o el sistema de las artes marciales o el sistema de tácticas defensivas que él sigue. El sistema FASST / Dux Ryu está específicamente diseñado, para satisfacer las necesidades y habilidades individuales, así como hacerle consciente de no sólo las vulnerabilidades inherentes que posee, pero la forma de determinar, en una fracción de segundo, la fuerza de sus agresores - la cual hay que evitar para triunfar.

En resumen, FASST / Dux Ryu es una recopilación de los Secretos del Guerrero. Es el amplificador, el esteroide natural, el filo, el catalizador para encender y dar fuego al espíritu para complementar, acentuar y ampliar la espiritualidad, lo físico, las capacidades y habilidades mentales. Así produciendo resultados medibles superiores a las expectativas personales, en el menor tiempo posible.

Una Ciencia Para Todos - Una Nueva Metodología

Que FASST / Dux Ryu sea la compilación de los Secretos del Guerrero, le hace particularmente adecuado para ayudar al artista marcial ya entrenado, o el practicante de tácticas de defensa que está experimentando un período de calma o estancamiento en su rendimiento y crecimiento. Con FASST / Dux Ryu avance tecnológico, percepción y secretos, uno no tiene que desechar o abandonar su estilo o conocimiento anterior. Todo lo contrario es cierto, ya que todos los estilos están conectados en virtud de la biomecánica humana. Todo el tema de FASST / Dux Ryu es basado en la integración y la aplicación de la tecnología y la educación de las leyes y principios que mejor permitan, fortalezcan y enseñen a aplicar e integrar su experiencia y entrenamiento anterior, en una manera superior que mejor complemente el estilo del practicante.

FASST es el producto de toda una vida de estudio, una experiencia única y reveladora. El éxito o el fracaso se basan exclusivamente en una capacidad nueva de comprender y utilizar plenamente los Secretos del Guerrero, identificado y codificado por el legendario de las artes marciales, Hanshi Dux.

Aunque las tácticas y habilidades pueden variar de un individuo a otro basado en los hechos anteriores, es debido a la metodología, materiales educativos, y la tecnología, empleada por FASST / Dux Ryu que las mismas reglas empíricas y los principios aplicados, uniendo a todos los alumnos de manera similar. Sin embargo, FAAST/ Dux Ryu no sólo se limita en su metodología de entrenamiento para incorporar solamente o se basa principalmente en un conjunto de movimientos teóricos o empíricamente definidos, como en estilos alternativos de las artes marciales y los programas de tácticas de defensa.

Como se dijo antes, FAAST / Dux Ryu no está ausente para tratar con la mentalidad y / o académicos involucrados especialmente en relación con la amenaza del nivel 4 - enfrentamientos letales. Típicamente, los dos sujetos de un espíritu preparado y académicos son abandonados o no son incorporados por el entrenamiento alternativo / sistemas de tácticas defensivas, abandonando a sus estudiantes a sus propios dispositivos.

Un Enfoque en la Eficiencia - Velocidad Explosiva y Poder

Otro factor diferente que lo separa de los cursos tradicionales de entrenamiento es que el sistema FASST / Dux Ryu es de la creencia que, mientras que una predeterminada combinación de movimientos reflexivos aumentan el instinto y el tiempo de reacción, esto también pone límites en la flexibilidad y la adaptabilidad y lo hace a uno predecible en un combate real - vulnerable al ataque a pesar de que el combate está siempre cambiando y asumirá una vida propia debido a las constricciones medioambientales y una serie de otras variables. Estas variables no se pueden prever con anticipación por esas reacciones practicadas / técnicas, que se espera que uno utilice cuando se ve amenazado.

Uno de los primeros Secretos del Guerrero es lo siguiente: "La eficacia de un agresor está determinada principalmente por la capacidad del agresor para predecir las reacciones de uno y contrarrestar /

enfrentar esas reacciones con resultados devastadores." Por lo tanto, la velocidad explosiva y el poder tienen prioridad sobre una fluidez florida o forma predecible, estilizada. La eficiencia y la ferocidad - velocidad explosiva y poder - son los componentes principales que determinan lo que es y no es útil por las normas estándar de FASST / Dux Ryu y son la evidencia establecida que demuestra que los Secretos del Guerrero están trabajando arduamente.

Por ejemplo, cuando otros están brincando y empuñando una cuchilla con intensión de cortar, utilizando la tecnología de FAAST / Dux Ryu de los ángulos de evasión en relación a los ángulos de ataque, uno posibilita el impulso con el juego de pies, para crear la distancia más corta y tiempo para anular cualquier ataque tan rápido como sea posible, siendo uno el que da el primer golpe decisivo y fatal. El aumento de la resistencia gastando menos energía - velocidad explosiva y la eficiencia de movimiento, hacen que sea viable para un aprendiz de FASST / Dux Ryu, para combatir múltiples atacantes. La habilidad de reaccionar y enviar una amenaza letal rápidamente, permite al aprendiz a acudir en ayuda de los compañeros u otras personas en peligro de ser dominadas, heridas o muertas.

Espíritu, Mente y Cuerpo - Aspectos Clave de una Persona

Otro aspecto que diferencia FASST / Dux Ryu de las artes marciales alternativas, y cursos de tácticas de defensa, en la forma que son y han sido enseñadas, y es que FASST / Dux Ryu y su filosofía de entrenamiento, está verdaderamente fundamentada en los Secretos del

Guerrero. Se inicia con la identificación y el desarrollo de sincronizar, un programa de entrenamiento, dirigido a los tres atributos críticos característicos de un guerrero: El espíritu, la mente y el cuerpo. Estas tres características deben ser superiores a las poseídas por cualquier agresor, sobre todo si uno va a estar realmente centrado a neutralizar una amenaza letal.

Las características del espíritu, la mente y el cuerpo son las variables graves que, si impactaron, determinarán todos los resultados en cualquier forma de conflicto. Es el medio por el cual se basa el manejo de la adversidad en la vida cotidiana. Sin embargo, nuestro examen del espíritu, mente y cuerpo es mejor conocido como empleado para analizar al agresor y para descubrir sus vulnerabilidades en relación con las de uno mismo. De esta manera, uno formula una estrategia adecuada y emplea la técnica apropiada para controlar la situación y resolver conflictos a favor de uno. Este es la forma del alumno de FASST / Dux Ryu y el guerrero pací- fico que el gran estratega chino Sun Tzu describe como, "la forma máxima del guerrero."

La mayoría de las artes marciales y sistemas de tácticas de defensa, dirigiéndose a estos tres atributos, profesan el concepto de la armonización, como siempre en el orden de la mente, cuerpo y espíritu, que se deja por lo general abierto a la interpretación, por si hay duda. Considerando que, por FASST / Dux Ryu, y su filosofía, estas personas tienen el mismo orden mezclado, ya que siempre se trata de tener el espíritu adecuado o modo de pensar prime- ro. La mente, que es con más frecuencia confundida por el mal entrenado al referirse a la forma de pensar, pero que en realidad representa lo académico del combate y el cuerpo, es también mal interpretado por la mayoría de los practicantes de artes marciales de hoy, al hacer referencia solo a lo físico, descuidando incluir el potencial como en el cuerpo de su trabajo del pasado y futuro, o en qué forma su carácter es percibido por los demás y por sí mismo.

Las técnicas actuales para armonizar el espíritu, la mente y el cuerpo poseen resultados comprobados, pero desafortunadamente no están siendo enseñadas en las escuelas de artes marciales (dojos) y ahora parecen haberse perdido debido a las circunstancias más allá del control y comprensión del instructor. Sin embargo, FASST / Dux Ryu incorpora las antiguas formas perdidas, con las nuevas. A diferencia de otros sistemas que han sido diluidos para cumplir hoy en día con las necesidades comerciales y demanda de los consumidores, de la gratificación instantánea, o simplemente como una manera de pasar el tiempo y el conocimiento perdido de una generación a la siguiente, todo en FASST / Dux Ryu en su transmisión de los Secretos del Guerrero no deja concepto o principio abierto para la interpretación, la suposición, o el cambio, como lo demuestra la forma en que estas características del guerrero de espíritu, mente y cuerpo se definen por FASST / Dux Ryu:

Espíritu - El espíritu es el modo de pensar de una persona - su enfoque - es la habilidad proactiva frente a la reactiva, de usar el miedo y ser constante frente a enormes obstáculos.

Mente - La mente es lo académico - conocimiento de la estrategia y la táctica - y la capacidad de crear, adaptar, percibir, y alterar el curso de acción para producir un resultado deseado.

Cuerpo - El cuerpo es la velocidad explosiva y las capacidades físicas que uno posee: Resistencia, acondicionamiento de trauma, la coordinación del tiempo, el alcance, reacción reflexiva e instintiva, así como las limitaciones proactivas / ofensivas. El cuerpo es la esencia de la persona y lo que proyecta como un miembro de la sociedad, como uno de los logros del cuerpo y trabajo (comerciante, artesano, médico). Es también cómo uno va a ser percibido por los demás, lo que el samurái japonés llama "rostro."

Uno puede ser el más rápido, más fuerte y más hábil oponente (cuerpo) pero, sin la habilidad de desarrollar la voluntad adecuada (espíritu), o la capacidad de desarrollar lo académico y determinar cuándo se debe y cuándo no se debe atacar (la mente), todo es vanidad. Similar a este escenario está la escena de la película "Invasor del Arca Perdida," donde el antagonista blandiendo una espada está tan consumido por su propio ego (espíritu malo), presumiendo sus habilidades impresionantes con dos espadas (cuerpo), que pierde la visión de la ventaja del ataque por sorpresa (la mente), sólo para terminar tranquilamente y cómicamente asesinado a tiros por el enojado protagonista, Indiana Jones.

En su rostro, con poca o ninguna atención dada al desarrollo y el mejoramiento del espíritu humano y / o los académicos científicos; especialmente rodeando el combate letal y concentrándose principalmente en lo físico (cómo luchar, patear o golpear), todo esto lo convierte en un juego amargo de oportunidad. Un espíritu vulnerable y una mente indecisa (sin ninguna estrategia) está propensa a producir previsibles respuestas y reacciones en lugar de acciones, que en confrontaciones letales lo pone al individuo en una desventaja extrema, y que usualmente produce otro resultado predecible: La muerte.

"He entrenado toda mi vida y pensé que había visto y prácticamente hecho de todo, Judo / Jiujitsu, Jeet Kun Do, Ninjutsu, Kung Fu, etc. El primer seminario FASST / Dux Ryu que tomé, me afectó a mí y a todos los que conozco que han asistido - de forma dramática. Como el sistema Dux es como él dice, no teórico sino empírico, compuesto de combate real, tácticas probadas y que han demostrado con resultados científicos reproducibles, que constituyen nuevos principios y una nueva tecnología biomecánica, no es solo otra solución rápida, o una común promesa vacía adaptada de las artes marciales clásicas, o el último sistema llamado tácticas defensivas o cualquier combinación al respecto. Como consecuencia directa, aumentó mi rendimiento, después que pensé que no podía ser mejor; de manera tan significativa, que los maestros de artes marciales que ahora son mis superiores, con el doble de tiempo de experiencia en las artes marciales, recurren a mí, a pedirme consejo de entrenamiento. En un caso, un estudiante de un conocido maestro, al ver el cambio abrumador que fui capaz de inculcar en mis alumnos utilizando FASST, ¡ahora está exigiendo cambios en su entrenamiento! "El programa FASST de Frank Dux, es lo que las artes marciales se supone que es." -- Sensei Sky Benson.

NOTA: Sky Benson es un estudiante de Frank Dux hace mucho tiempo, fue instruido por Gordon Richiusa cuando Gordon trabajó para Hanshi Dux, y es el administrador del sitio web de la página FASST en: www.fasstduxryu.com.

SALUD, CURACIÓN Y RECUPERACIÓN

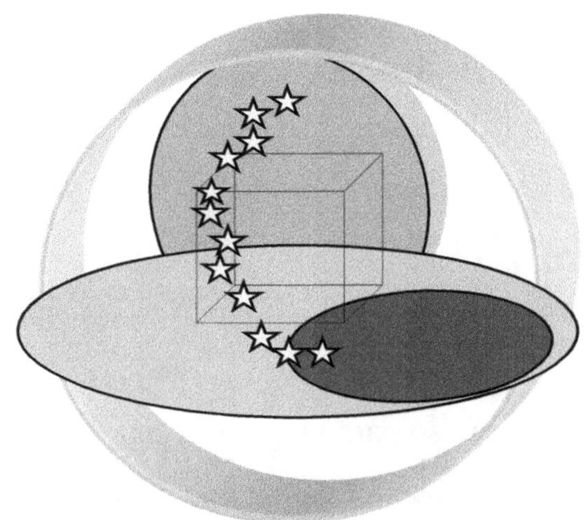

Por María Arvelo

El año en que cumplí 30 fue un tiempo crucial en mi vida. Había completado 10 años de estudio metafísico, confrontado con éxito las barreras y los obstáculos que habían impedido mi capacidad de lograr "un pedacito de sueño," profundamente deseado. A la luz de mi éxito y con un profundo sentido de aprecio por la vida, por mí y por el gozo que me acompañaba, yo estaba dotada de conocimiento que antes no podía saber. Este conocimiento era un secreto - un secreto que había guardado toda mi vida. Yo había sido abusada sexualmente. El miedo, el terror y la traición, yo no podía entender esto a la edad de cinco años, yo podría tolerar saberlo a los treinta años de edad. La adquisición de este conocimiento, aunque conocible, era demasiado intenso - destrozando mi entendímiento de casi todo lo que sabía que era verdadero. Yo fui lanzada de disfrutar en la luz, a la oscuridad y mi sombra. Muchas de mis decisiones en mi vida pasada eran ahora ligadas transparentemente con lo que yo no podía saber. Tenía sentido que yo había elegido trabajar con niños emocionalmente heridos, niños que encarnaban lo que yo no podía saber acerca de mí misma.

Cuando empecé a trabajar con niños, conocí y trabajé con Gordon Richiusa. Entonces y ahora, creo que Gordon y yo compartimos un compromiso para facilitar la curación, el aprendizaje y el crecimiento de aquellos que buscan lo que podemos ofrecer. Gordon siempre ha desempeñado un papel único en mi vida. Él busca la conexión conmigo casi siempre cuando la sombra está a mi puerta. Él "apareció" durante este pasaje de mis 30 años. En los años que siguieron comencé mi larga jornada para comprender lo que había experimentado y lo que había descubierto. En mi búsqueda yo estudié enseñanzas tradicionales y no tradicionales, occidentales, orientales y los nativos americanos. Para permanecer en el *mercado* yo opté por el camino occidental tradicional y obtuve la licencia clínica de Asistente Social. En este cargo pude cumplir mi compromiso como sanadora, solicitante, artista, y el testigo privilegiado para los que me invitan a participar como farolero, en sus viajes. Esta función honorífica enriquece mi camino - mejora mi búsqueda, aprendizaje, crecimiento y sanación. Si mi historia o "mensaje en una botella" le habla a usted, puedo ser contactada a través de Publicaciones Cinco Aves.

Cuando Gordon me pidió que fuera una colaboradora del proyecto "MENSAJE EN UNA BOTELLA," inicialmente me sentí muy honrada y poco después impactada por la intimidante perspectiva, de brevemente capturar lo que creo que es suficientemente significativo para ofrecer a los demás. La invitación de Gordon llegó en un momento en que una vez más, estaba siendo provocada por la vida para reevaluar las verdades en las que yo creo. El consuelo que tengo en estos momentos viene al "saber" que una vida examinada revela tanto lo que uno sabe y lo que uno no sabe. Teniendo en mente esta paradoja, ofrezco esta perspectiva hoy.

Mi niñez y las experiencias de mi vida posterior me enseñaron, que me servía mejor abrazar y valorar, tanto lo "bueno" como lo "malo" de mi vida, mi sentido del yo y los demás. El camino de mi vida me dirigió a dominar mi mundo interior y ser capaz de estar presente en nuestro mundo compartido; que muchas de mis batallas, amenazas, peligros y aparentes enemigos, abracé y enfrenté, a la resolución y aceptación en mi reino interior, con resultados correspondientes en nuestro ámbito compartido.

Gran parte de lo que creo y quiero compartir de mi travesía, se refleja en la siguiente frase e ideas: ***"Cuando usted está parado en la luz, usted verá su sombra."***

Abrace su sombra - tanto la luz y la oscuridad tienen un propósito y un mérito. A medida que abraza su sombra, la aceptación le regalará apreciación de sí mismo y de los demás, que le dará un medio para poner fin al sufrimiento, el miedo y energía perjudicial o acciónes; que a través de la puerta de su sombra usted verá su luz otra vez y la luz de los demás; que esta apreciación disuelva la sentencia - el gran separador; que la dualidad de este plano expresado en cada aspecto de la vida, y el reconocimiento de los mandatos individuales y equilibrio, tanto dentro de usted mismo y con toda la vida. Aspire para apreciar las lecciones que las circunstancias han proporcionado-- encuentre como es servido, por lo aparentemente indeseado, que una vez que está "despierto," usted comprende y se compromete a conciencia propia, responsabilidad propia y lo que usted cree; que hay muchos caminos y si el suyo es uno de descubrimiento propio este revelará desafío, triunfo, incertidumbre, cambio, asombro, amor y confianza de sí mismo y la vida, y hasta mas humor e ironía que usted necesita.

En mi vida, Gordon a menudo me ha traído razones para estar agradecida y esta fue otra más. Gracias, por darme esta oportunidad.

NOTA: El símbolo al principio de este escrito es la representación artística de la Sra. Arvelo de los temas expresados por las palabras. María Arvelo es una Terapeuta con licencia y trabaja como Asistente Social en el condado de Ventura.

NOTA: El resumen siguiente es también del Go Tao Chi original, y está escrito por Gordon Richiusa

Dolencia y Enfermedad vs. Recuperación y Sanación

Inevitablemente, cuando la gente comienza a discutir sobre las verdades universales, la conversación a menudo se mueve hacia los asuntos espirituales y de allí, los temas de lesiones y enfermedades entrarán en juego. "¿Cómo es posible que el Espíritu nos permita enfermarnos o lesionarnos? Alguien preguntará.

Yo tengo una explicación para esto, pero puede que no sea el tipo de cosa que muchos de los que hacen la pregunta quieran oír. Pues como ve, yo no creo que el Espíritu - o el término que usted desee utilizar, para nombrar las maravillas incomprensibles de lo desconocido - ver el universo como los seres humanos lo hacen. Pudo estar equivocado, pero esa es mi impresión.

A pesar de que verdaderamente creo en la existencia de un conocimiento mayor (no puedo concebir que la humanidad es el pináculo del conocimiento), me siento presionado al visualizar un humano grande, sentado encima de todo, enfocado exclusivamente en lo que está pasando aquí en el planeta Tierra. Cuando la gente dice que fuimos creados a imagen de Dios, puedo ver que eso significa que somos como sombras del Espíritu - (creados a su imagen), que tenemos propiedades similares o somos esencialmente "igual" al desconocido y que las leyes o las fuerzas que guían el Universo - o tal vez se han puesto en movimiento por el Creador - son las mismas que todos los seres sensibles, incluyendo a los humanos deben seguir. Esto no es al revés. Nosotros no llegamos a crear el Universo (o multi-verso) y las fuerzas que lo guían a nuestra imagen.

Dentro de esto, creo que las leyes universales que seguimos también se unen al Espíritu. De ello se deduce que los Cinco Principios de Todo, gobiernan todo conocimiento, así como el Espíritu creó los Cinco Principios para que los seres humanos siguieran estas necesarias reglas o leyes.

Por lo tanto, me veo obligado a concluir que el Espíritu no ha creado una atmósfera de problema de salud, lesión o enfermedad. Del mismo modo, también puedo concluir que cuando nos enfermamos o tenemos un accidente, que eso no es parte de un Plan Maestro, sino más bien un ejemplo de la forma de la humanidad. En otras palabras, no podemos culpar a cualquier versión de un ser Supremo, por nuestros infortunios humanos. Si los Principios de Todo se aplican, entonces el Principio del Beneficio debe ser verdad. El Espíritu quiere que *nosotros* seamos sanos, que estemos bien y fluyendo con energía de éxito, así como quiere el mismo estar sano, bien y fluyendo con energía. Es nuestra responsabilidad tomar conciencia de nuestro propio lugar en el gran esquema de las cosas, no es la responsabilidad del Grandioso de asegurarse de que el ser humano, no tenga nada de qué preocuparse en su propio nivel humano. Aprender a ser feliz en el contexto del ser humano (estar en la fluidez de la condición humana) es nuestra responsabilidad. En otras palabras, creo que cualquier Conocimiento Superior, enseña sobre todo por el ejemplo. Esta es la imagen a la que fuimos creados. Además, sin sonar demasiado optimista y de la nueva era, la adversidad a menudo parece ser la mejor manera de aprender, algunas de las lecciones más importantes. Yo he tenido muchos estudiantes que han fallado en mis clases y luego las repiten simplemente porque ellos querían tener éxito en esa experiencia particular, en lugar de conformarse con una calificación aprobatoria en una clase diferente. Por lo general, en el primer día de la clase de escritura, por ejemplo, le digo a la clase que mis expectativas son probablemente más altas de lo que se espera, pero que van a beneficiarse de la experiencia, más allá de convertirse en mejores escritores.

Los símbolos de las Cinco Aves y de Go-Tao-Chi, ambos son representados por lo que muchos, erróneamente creen que son un símbolo yin-yang. La verdad es que el círculo, mitad negro y mitad blanco representa una media luna. Este símbolo fue seleccionado para mostrar un constante cambio en la condición humana. Decimos que cada individuo es como alguna fase de la luna. La luna llena representa una energía intensa. La luna nueva es misteriosa e incomprensible. La media luna es un equilibrio delicado, rígida con los aspectos de todas las otras fases, pero repleta de potencial. Recuerde que la luna nunca está en una fase de estancamiento. Siempre está cambiando, ya sea poniéndose más brillante o menos luminosa. Somos como la luna, sin importar en cual etapa nos parecemos más, porque siempre estamos cambiando. Al final, todo el conocimiento breve que nuestra fuerza de vida no sólo unirá a nuestro ser espiritual, mental y físico, pero será, en cierto sentido alimentado por sí mismo y cada una de las partes individuales o fases. Aquí me veo llevado a decir unas cuantas palabras más sobre la Acu-presión, el Masaje y la Meditación Sin Movi- miento, ya que están directamente relacionados con el concepto de "chi," pero están en un extremo diferente del espectro donde se podría considerar que están las "artes marciales."

Hay básicamente dos maneras de meditar ... activa y pasiva. Ambas, en mi opinión tienen similar (si no exactos) objetivos finales. Sin embargo, el debate siempre ha existido, de que una forma es superior a la otra. Un amigo mío, un profesor de la Meditación Zen llamado John Harrison (ALIAS El Dragón Azúl) y yo, hemos participado en este debate durante algún tiempo y él está mejor calificado, en mi opinión, para tomar la bandera del Zazen o meditación sentada. Sin embargo, creo que una palabra necesita decirse acerca de las diferentes formas de arte que tratan con la manipulación o simplemente la experiencia de Chi.

En ese sentido, me referiré a Los Cinco Principios desde las perspectivas de rehabilitación y recuperación, ya que son cosas que tengo experiencia de primera mano y en las cuáles John Harrison también está bien versado (sus comentarios aparecen al final de esta sección). En 1982 experimenté una severa lesión en la rodilla que requería cirugía. Mi médico (en ese entonces) me dijo que yo tendría que renunciar a las artes marciales, sobre todo las patadas. Hoy en día, me encanta levantar la pierna delante de una audiencia y decirles, "mi médico dice que no puedo hacer esto."

En el 2001 tuve dos accidentes (un accidente automovilístico y uno industrial, donde una caja de libros me desgarró el manguito rotador). El accidente de auto me lesionó la columna vertebral y me causó una conmoción cerebral. La segunda lesión fue en mi hombro derecho. Desafortunadamente, estas lesiones me impidieron pararme sobre una pierna, levantar mis brazos sobre mi cabeza o girar mi cuerpo (movimientos necesarios en todas las formas de la práctica de artes marciales). Por primera vez en mi vida, yo estaba incapacitado para practicar las artes en las cuales siempre he confiado como base para mantener la salud. Al menos, eso era lo que yo pensaba.

Creo que las prácticas médicas, cirugías modernas y avances en los medicamentos, son todos ejemplos de los milagros modernos de hoy en día. Nosotros siempre hemos poseído una habilidad ilimitada para dominar nuestra mente y cuerpo y creo que el deseo de estar sano y bien es un fuerte indicio de que nuestra Guía Espiritual (comoquiera que esto suceda para manifestarse, para cada individuo) quiere que seamos sanos y felices.

Desde este punto de vista, lo único que cualquier medicamento puede conseguir es ayudar a retornar la sincronización de chi a su fluidez normal y saludable. Todas las formas directas de la manipulación de chi (incluyendo la meditación, acupuntura o el masaje) tienen exactamente el mismo propósito como cualquier otro arte marcial con ligeras diferencias. Cuando me lesioné seriamente, tuve que aprender a seguir mi propio consejo, y de una manera diferente a la que estaba acostumbrado. Tuve que aprender a aceptar varias rutas de acceso ha- cia el mismo final. Yo había aprendido un poco acerca del Chua Ka, una forma de masaje de Mongolia, que se concentra en las articulaciones y también tenía algo de experiencia con la acupuntura y el tai chi de fuentes tales como, Marshall Ho.

El dolor en la espalda y la cabeza requirieron medidas drásticas, por lo que soporté seis inyecciones epidurales que tuvieron resultados temporales. Ya había probado la terapia física, acupuntura e incluso el Go-Tao-Chi con un éxito limitado. Después de todo, yo estaba con mucho dolor para relajarme y necesitaba relajarme para obtener el beneficio completo de estas terapias. Al final, me di cuenta de que las inyecciones epidurales (u otros medicamentos), la acupuntura, masaje y la terapia física, todos trataban con el chi y la curación, desde un punto de vista externo. Es decir, había una fuerza externa aplicada a mi cuerpo en un intento de devolver la fluidez del chi al estado más natural posible. Con Go-Tao-Chi (o el tai chi e incluso el yoga) la manipulación de chi es producida internamente, pero mi cuerpo no estaba en un lugar de trascender el dolor físico para permitir que se produjera la curación. Tuve que aceptar la responsabilidad que mis opciones de conducir un automóvil y ser parte del concepto artificial humano de "trabajar para vivir," había puesto mi cuerpo en las circunstancias, que me llevaron a la lesión física. No fue Dios quien me lastimó, pero las insignificantes y egoístas, decisiones humanas.

Después de eso, aprendí a aceptar ayuda de todo tipo y de muchas fuentes para hacer frente a las nuevas condiciones que habían surgido en mi vida. También necesitaba desarrollar una nueva perspectiva sobre el éxito. Lo que antes era un horizonte fácilmente alcanzable, se había convertido quizás en un objetivo poco rea- lista. Como estaba envejeciendo, mi cuerpo nunca iba a recuperar los mismos niveles de curación, de lo que una vez fue capaz. Te- nía que aprender a ser agradecido de cualquier progreso y darme cuenta de que ser agradecido era en realidad la medicina más poderosa que el Espíritu había puesto a mi disposición.

Fue entonces cuando aprendí los verdaderos significados de la humildad y el agradecimiento. Aprendí la humildad del buitre, algo que venía profesando durante muchos años. No sé si usted sabe, pero el buitre es un ave que vuela tan alto como el águila, sin embargo, hace su nido en el suelo. También es un ave que sabe, que para beneficiarse plenamente, con sus fuerzas y debilidades, debe cooperar con otras aves. Un solo buitre, tendría una tarea difícil para perforar la carne de su presa. Es por eso que vemos a los buitres volando alrededor de sus banquetes. Ellos le están señalando a otros buitres que vengan a asistir y a participar en la comida. Ellos se necesitan mutuamente para separar la carne; ya que sus garras no son tan fuertes como las del águila (por ejemplo) se necesitan de dos aves para revelar su sustento.

Además no son melindrosas con su comida. Ninguna comida es demasiado pequeña o demasiado vieja para que ellas se beneficien. Muchas aves tienen preferencia por ciertas comidas, y hay algunas clases de águilas, por ejemplo, que sólo se alimentan de peces vivos (el águila pescadora), lo que a menudo las pone en peligro. Los halcones matan en el aire, como ningún otro animal. El cuervo (el ave) fue admirado por un grupo de nativos americanos, debido a que el ave firmemente permanece en un territorio que consideran su hogar. Bandadas de cuervos a veces pueden encontrarse muertos congelados en su árbol favorito que niegan abandonar. Sin embargo, el buitre viaja grandes distancias agradeciendo y aceptando cualquier regalo que se coloca en su camino.

En 1995, una organización sin fines de lucro fue creada y organizada en torno a los Cinco Principios. Se le llamó la Recuperación de Redwood. Les dimos empleo a hombres y mujeres en recuperación de drogas y adicción al alcohol. El trabajo consistía en plantar árboles de secuoya y construir pasarelas que hemos considerado *los segmentos en El Camino de Recuperación de Redwood.* A veces, en tareas de siembra, los grupos de trabajadores sostenían reuniones de 12 pasos. No nos oponíamos a esta actividad. Sin embargo, nuestro propósito final era de, "iniciar los procesos de la curación y recuperación, desde el punto más positivo posible." Cuando un alcohólico o adicto recuperado regresa al lugar donde se plantaron los árboles secuoya, ellos pueden señalar con orgullo y decir: “Esto es parte de mi Camino o mi Recuperación.”

LA ADICCIÓN Y EL CONOCIMIENTO
(Un Breve Resumen)
INSPIRADO POR LOS CINCO PRINCIPIOS DE TODO Y PRÁCTICA DE LA CONCIENCIA GESTALT

Por John Harrison

Como consejero en el área de tratamiento de la adicción, yo extraigo de muchas experiencias, disciplinas y métodos en mi trabajo, para servir a mis clientes. La adicción es un azote universal y ciertamente es reforzado en nuestra cultura occidental donde, ¡podemos conseguir cualquier cosa, en cualquier momento que lo que- remos! La cantidad abrumadora de información que estamos ex- puestos cada día, combinado con un rápido aturdimiento mental con que la recibimos, puede hacer que sea fácil perder la conciencia del momento presente. Junto con nuestra mente, el cuerpo físico también puede desprenderse a medida que nos 'apegamos,' ¡a nuestras computadoras, nuestros teléfonos 'inteligentes,' nuestros televisores y por supuesto, las diversas sustancias que utilizamos y abusamos!

En esta época en la que nuestras vidas parecen estar acelerando, nuestro estrés también, naturalmente, parece ir en aumento. Además de las conductas adictivas que pueden tener un fuerte vínculo genético, no es de extrañar que muchos de nosotros anhelemos evitar y escapar. De acuerdo con los Servicios de Administración de Abuso de Sustancia y Salud Mental de los Estados Unidos, uno de cada ocho estadounidenses sufre de conductas adictivas en relación a las drogas o el alcohol y esto le cuesta a la sociedad aproximadamente 250 billones de dólares por año.

Cuando una persona se encuentra atrapada, en el ciclo de comportamiento adictivo, a menudo hay una inhabilidad para aceptar lo que se siente en ese momento y la mente está constantemente vagando en la siguiente *dosis*. En ese momento, pensamientos y emociones perturbadoras, se pueden sentir como invitados no deseados, que parece que no podemos escapar de ellos. En nuestro *torcido* e *inefectivo* intento para evitar esta angustia, en realidad nosotros amplificamos el estrés y las emociones desagradables ta- les como tristeza, frustración, irritación, vergüenza o culpa. Estas incómodas emociones, a menudo nos hacen caer en un estado de inconsciencia o piloto automático, e ignoramos nuestro medio ambiente y somos más susceptibles a provocaciones, antojos y deseos.

Victor Frankl, psiquiatra respetado, sobreviviente del holocausto y autor del *Hombre en Busca de Significado*, una vez dijo: *"Entre el estímulo y la reacción hay un espacio. En ese espacio está nuestro poder de elegir nuestra reacción. En nuestra reacción está nuestro crecimiento y nuestra libertad."*

¿Habrá una manera de detener el tiempo para ser más conscientes de ese espacio y elección? Ya sea que nuestras adicciones tengan que ver con el alcohol, las drogas, comida, sexo, juego, envío de correo electrónico, compras, o cualquier otro hábito perjudicial, el comportamiento adictivo es a menudo precedido, por una provocación que pone en marcha una ráfaga de pensamientos desagradables, sentimientos y sensaciones, que conducen a los antojos y deseos, y a participar en la conducta adictiva. Una parte importante de la recuperación es ser capaz de reconocer lo que nos provoca y cómo los antojos y deseos, se manifiestan en nuestros cuerpos y mentes.

En cuanto tengamos esta conciencia, nos hemos convertido al presente y dimos un paso fuera del ciclo reactivo automático que nos esclaviza al momento siguiente. El momento presente está cercano. Muchas personas han reportado que el punto máximo de un deseo es de aproximadamente 20-30 minutos. Podemos aprender a estar atentos y no juzgar los sentimientos y pensamientos al verlos ir y venir.

Hay muchas maneras de ocasionar el estado de lo que es llamado *atención plena*. Con mis pacientes utilizo un simple (pero no siempre fácil) método probado por el tiempo, que surge de la sinergia maravillosa de la meditación Zen (zazen) y Práctica de la Conciencia Gestalt .... ¡El *Conocimiento Aplicado,* si se quiere!

Práctica Simple Para la Conciencia

Después que lo aprenda, usted puede hacerlo en cualquier lugar o en cualquier momento que usted tenga la oportunidad. Puede con- vertirse en una práctica de por vida. Encuentre un lugar cómodo para sentarse o acostarse. Respire profundamente y relájese. Usted puede mantener los ojos abiertos. Luego, siga estas instrucciones: Esté consciente de su experiencia, en el sentido de que usted existe *aquí y ahora*. Esté consciente de que usted está viviendo esta experiencia - haciéndolo, observándolo, o aburriéndose, *ahora*, en el presente. ***Decida que usted prestará atención a todas sus experiencias*** - las internas como las externas, los pensamientos así como las sensaciones, las del pasado así como aquellas sobre el futuro, aquellos que son deseos o gana, los que son ansiosos o exigentes, los que deliberadamente se producen, y los que parecen ocurrir espontáneamente. Con respecto a cada experiencia que usted tiene, dígase a sí mismo: "Ahora estoy consciente de ..."

Usted puede comenzar de esta manera, diciéndose a sí mismo algo como: "Ahora estoy consciente de que estoy sentado aquí. Ahora estoy consciente de que quiero hacer este experimento. Ahora estoy consciente de vacilar, preguntándome qué hacer primero. Ahora estoy consciente de un sonido de afuera. Ahora es- toy mirando por la ventana," y así sucesivamente. Continúe de es- ta manera durante un par de minutos, observando cómo su con- ciencia es revelada. Esta es una *práctica*...y debe ser...practicada bien como con cualquier habilidad que está tratando de perfeccionar o mejorar. ¡Se vuelve más familiar y eficaz a medida que avanzamos más profundamente en ella!

He encontrado esta práctica de no juzgar la conciencia del momento (conocido como la atención plena) como una herramienta eficaz para ayudar a los pacientes a ponerse cada vez más en sintonía a las provocaciones, los antojos y deseos para ayudar a romper el ciclo de la conducta de la adicción. Por supuesto, esto es más fácil decirlo que hacerlo. Ya que, cuando se está luchando con una adicción es muy común cambiar al piloto automático con poca o ninguna conciencia de los pensamientos, sentimientos y sensaciones que pueden desbalancearlo y causar el siguiente momento de angustia.

Aquí hay tres cosas para traer más conciencia: **1)** Estado de Sentimiento del Cuerpo - Le ayuda a ser consciente de las emociones y como se manifiestan en el cuerpo. **2)** Estilos de Pensamientos Adictivos - Trampas comunes de la mente surgen en relación con el estado de sentimiento del cuerpo. Por ejemplo, la negación, culpando, y la racionalización. **3)** Interpretaciones Negativas--Cuando se ven atrapados en un ciclo adictivo, por lo general participamos en la interpretación de los eventos para el mal, lo que ayuda a desbalancearnos y nos convierte más susceptibles al piloto automático. El truco aquí es simplemente estar conscientes que nada de esto surja sin juzgarlo. Empiece a notar cómo estas tres cosas están interconectadas. Vea si usted puede intentar algunas de estas, la próxima vez que usted tenga un antojo o deseo de entrar en el Internet, o volver a ese texto cuando, en el momento, su relajamiento o un ser querido lo necesite más. Cada vez que somos capaces de utilizar con éxito la atención plena para sobre llevar el deseo de participar en nuestra conducta adictiva -- nuestros antojos o deseos se vuelven menos frecuentes y menos intensos, y nos hacemos más fuertes, más seguros, y más en control de nuestras propias vidas.

MAESTRÍA, ERRORES Y EL PROCESO DE APRENDIZAJE

Por Ralph R. Villani, Ed.d.

Mi nombre es Ralph R. Villani. Yo soy tío de Gordon Richiusa. Su madre es mi hermana. Por supuesto, yo conozco a Gordon des- de su nacimiento. Yo lo considero un pariente favorito que admiro porque ha hecho un éxito de su vida y cómo ha logrado convertirse en un erudito y un educador bien conocido.

Gordon me preguntó si quería leer su último proyecto, "Los Cinco Principios de Todo" y reaccionar acerca del libro. También leí su novela publicada, *Shidoshi Las Cuatro Formas del Cadáver*. Esta en verdad es una novela de misterio y suspenso. Aunque Gordon explica que su objetivo de los Cinco Principios de Todo era enseñar a la gente y eventualmente a los buenos profesores de las artes marciales, yo fui capaz de relacionar estos principios a cualquier éxito que he tenido alguna vez como educador, maestro, director asistente de la escuela secundaria, director de la escuela elemental, asistente de superintendente, superintendente del distrito, administrador del colegio universitario, miembro electo de la Junta Directiva de Cal / RTA y como miembro del Gran Jurado del Condado de Los Ángeles.

Mis experiencias de éxitos en la vida incluyen haber sido electo a la Junta de Administración del Colegio Universitario de la Comunidad de Santa Mónica desde 1990 hasta 1994. Después que me retiré de un distrito escolar en 1991, me uní a la Asociación de Maestros Jubilados de California (Cal / RTA). Rápidamente me convertí en un líder en esta organización y ahora formo parte de la Junta Estatal de Directores. Justo después de mi jubilación fui nombrado por un Juez de la Corte Superior, a servir tiempo completo por un período de un año de Gran Jurado en el Condado de Los Ángeles. Tengo una Licenciatura y una Maestría de la Universidad del Sur de California y un Doctorado de la Universidad del Norte de Colorado en Administración Educativa.

Gordon y yo hemos discutido la definición de lo que es un verdadero educador. Gordon se inclina a la idea de que ser un educador de estudiantes, hay que tratar directamente con los estudiantes. Yo sostengo que un administrador excelente es aquel que mo- tiva a los profesores con el fin de mejorar la educación y que a sabiendas o no, consistentemente aplica los Cinco Principios de Todo: Conocimiento, Fluir, Forma, Beneficios y Armonía.

Después que me retiré en 1991 el distrito escolar del Sur de California me pidió ejercer como director de una escuela primaria, mientras que el distrito buscaba un nuevo director. Fue realmente una gran experiencia. Sin embargo, la escuela no estaba haciendo bien. Las calificaciones de los exámenes estaban debajo del promedio. Pasé casi todo mi tiempo visitando las aulas, no como un evaluador de profesor, pero para llegar a saber cuáles eran los problemas. Determiné en unas pocas semanas que los maestros no estaban realmente conscientes de los problemas, no estaban trabajando juntos en armonía, no veían cómo trabajar juntos para mejorar el rendimiento, que podría ser un beneficio para ellos.

Durante las próximas semanas, me reuní con los maestros. Tuvimos debates abiertos sobre cómo podríamos cambiar las cosas. Cada sugerencia fue registrada. Hablamos de cómo todos nos sentiríamos si los resultados de los exámenes pudieran mejorar. Los maestros comenzaron a trabajar juntos como un equipo. Y cuando los resultados de los exámenes siguientes fueron reportados, hubo una mejoría significativa. Todo lo que el personal necesitaba era de alguien que los motivara a hacer lo que ellos mismos querían hacer para ayudar a los estudiantes a aprender. Yo no lo sabía en ese momento, pero los Cinco Principios de Todo estaban guiando el crecimiento del aprendiz.

Los maestros estaban supliendo las necesidades individuales de los alumnos, y había evidencia de que ellos asumieron la responsabilidad para con los estudiantes, haciendo el aprendizaje interesante, y trabajando juntos como un equipo.

NOTA: Los siguientes comentarios se dan a menudo, de alguna u otra forma a los nuevos estudiantes, en cualquier aula donde Gordon Richiusa enseña, independientemente de la disciplina y especialmente para los planeadores de currículo o profesores. Lo que usted tiene aquí es sólo parte de una conferencia que es dada regularmente. Esto no formó parte del Go Tao Chi original. Si utiliza estas palabras en sus propias clases, o en la escritura, por favor asegúrese de que se cite el origen propiamente..

ALGO EN QUE PENSAR

Por Gordon Richiusa

Yo he sido un educador profesional durante más de 25 años, la enseñanza en la comunidad primaria, secundaria y los niveles de colegios universitarios. Pasé 20 años trabajando como educador en las Cárceles del Condado de Los Ángeles, trabajando con los reclusos en asignaturas de la escuela secundaria y la preparación del GED (Desarrollo Educativo General), así como la administración del examen y la coordinación del plan de estudio para la Escuela de Adultos Hacienda La Puente. Mi grado de Maestría en Artes, es en Literatura de Inglés. Tengo una credencial clara de enseñanza para toda la vida. Antes de eso trabajé en tratamiento residencial, con personas de todas las edades, incluyendo una temporada como profesor de secundaria en una de estas instalaciones.

Cuando digo que he sido un educador profesional, yo sé que hay algunos que *no* son maestros y aún creen que ellos también son educadores. Estas personas aparentemente suponen que si están involucrados en cualquier aspecto del *negocio* de la educación, entonces ellos también son educadores. Para decirlo sin rodeos, basado en los Cinco Principios de Todo, esto simplemente, no es el caso. Por el bien de la concordancia semántica, sólo aquellos que están en las líneas del frente, participando activa y diariamente con los estudiantes (por ejemplo maestros, consejeros, bibliotecarios, mentores, tutores), o SON estudiantes, en busca del conocimiento o aprendiendo algo en particular, pueden llamarse a sí mismos educadores. En otras palabras, sólo las personas cuyo objetivo principal es la educación, son en realidad los educadores. Así que, por el bien de nuestra conversación de hoy, la mayoría de los administradores, miembros de la junta, conserjes de la es- cuela y la mayoría del personal administrativo - a pesar de ser empleados en las áreas de apoyo de las instituciones de educación - no son educadores, al igual que las personas que venden salchichas en un estadio de béisbol - NO son jugadores de béisbol, o ejecutivos de salchichas, pero que deberían estar orgullosos de ser vendedores que participan en la industria de servicio.

Además, los políticos - independientemente del título o cuán estrechamente controlen el financiamiento de la educación, no pueden ser educadores, a menos que tengan un salón de clases y el currículo o son estudiantes en un aula con un plan de estudio.

Como de costumbre, las palabras, su denotación y sus connotaciones, son un asunto importante para mí. Hoy me gustaría diferenciar entre dos palabras más: El *Zen* y el *Tao*. Ninguna es una religión en sí. El Taoísmo es la creencia de que el Universo funciona de acuerdo a reglas definidas y principios, y que el "*por qué*" de una conducta de comportamiento es más importante que el "*quién*, *qué*, o *cuándo*" de esta.

El Zen, por otro lado, generalmente define un método particular para lograr un *fin* determinado (*como la iluminación*) ... aunque el *fin* (*u objetivo*) es a veces indefinido y cambiante. El Zen se asocia generalmente con el budismo, pero no es exclusivo de él.

Con eso, vamos a examinar el objetivo de hoy. Me gusta reducir todo, hasta las partes esenciales, usando los Cinco Principios como el punto de partida y el objetivo final. A estas "declaraciones de esencia" se les llaman por muchos nombres. Yo les llamo: Concepto de Entrenamiento o Cápsula de Comentarios. La cápsula de cualquier esfuerzo son las partes esenciales que definen las características que resumen lo que es el principio relacionado, y cómo se relaciona con lo que estamos tratando de lograr.

Por ejemplo, los conceptos esenciales del negocio son probablemente: **1)** Suministro y Demanda y **2)** Ganancia vs. Pérdida. Las partes esenciales de escribir, hablar o leer son: **1)** Comunicación y **2)** Audiencia. Los conocimientos esenciales para la natación son: **1)** Flotabilidad y la Física Newtoniana. Las partes esenciales del gobierno son: **1)** Seguridad y **2)** Cooperación.

Es posible convertir a cualquiera de estos en una meditación, pero para hacerlo, debemos estar seguros de que todos los cinco principios están siendo considerados, y aún más importante que ninguno esté siendo violado. De esta manera elevamos lo que estamos haciendo (esperando atraernos en los niveles de la Mente, Cuerpo y Espíritu) a un plano completamente nuevo. En otras palabras, nuestra manera de pensar acerca de nuestra disciplina, nuestras acciones relacionadas con la misma y la perspectiva desde donde vemos esta relación - en la forma en que siendo un profesor o siendo un estudiante, podría permitirle que se convierta en un VERDADERO educador - puede alterar lo más mundano hacia lo sublime. Cualquier cosa puede convertirse en meditación.

En mis clases, le doy esta información a los estudiantes en el primer día, para que ellos puedan comenzar a entender de dónde vengo.

UNA ACTITUD POSITIVA

Por Renee Baribeau / El Chamán Práctico

Hola, mi nombre es Renee Baribeau; hoy es 10 de Enero del 2012. Soy conocida como El Chamán Práctico, y mi papel como chamán es la de tejer nuestra aldea global - de llevar paz a nuestro mundo por medio de la curación, una persona a la vez. Se me ha pedido aquí, ofrecer un mensaje profundo a alguien que lo encontrará cinco décadas a partir de ahora. ¿Qué siento yo, es lo más importante que ellos deban saber?

En primer lugar, todos debemos vivir nuestras vidas confiando en el futuro, planeando en conservar los recursos de la tierra para nuestros niños y todos los otros seres vivientes. No importa cuando este mensaje sea encontrado, los niños siempre seguirán siendo nuestro legado.

Como un bebe nacido en los años sesenta, yo crecí en una generación en la que las funciones parentales cambiaron dramáticamente con una revolución monumental del consumidor. Las mujeres dejaron a sus hijos en casa para ingresar a la fuerza laboral, y la interpretación tradicional de un núcleo familiar fue sacudida hasta lo máximo. Por necesidad, mi niñez se vio truncada con la responsabilidad de cuidar de mi hermano menor. No sólo fui incapaz de jugar libremente como mis antecesores, pero al no tener la debida atención, también fui una víctima de abuso. Posteriormente, mi pasión a la vida ha incluido la curación de estas heridas para mí misma y un sinnúmero de otras víctimas. Es importante que recordémos que siempre los niños necesitan tiempo para jugar en un ambiente sano y seguro, con la función de adultos modelo y amorosos.

No nos equivoquemos, no importa qué cambios se produzcan al pasar por esta tierra, la conciencia optimista, hace la diferencia. Nuestro compromiso y responsabilidad de todos los seres que se harán cargo de este planeta que vamos a legar a ellos es funda- mental. En mi generación infantil, poco se consideraba remunera- do en la crianza de los jóvenes, a ser cuidadores conscientes de su mundo. El péndulo de la atención ha oscilado al otro extremo, y una vez más los padres conscientemente se enfocan en su descendencia. En la actualidad, en el año 2012, las personas se están despertando y explorando la conexión pérdida con el planeta y otras personas. Nuestros niños están más despiertos. Debemos devolver el arte perdido del juego, la música y la expresión creativa a nuestras escuelas para perpetuar este despertar.

También me he dado cuenta de que es necesario mirar y ver lo que estamos haciendo bien. Somos tan rápidos en señalar con el dedo a lo que tenemos que hacer de manera diferente; creo sinceramente que la identificación de lo que estamos haciendo bien es igualmente importante. Sí, hemos devastado la tierra. Pero, en este mismo momento, estamos enfocados en ayudar a nuestros hijos a desarrollarse. Estamos trabajando activamente en la creación de comunidades, creando jardines, y dirigiéndonos de regreso a la época anterior de la revolución industrial - un tiempo en que comprendimos la importancia de nuestra tierra y el cultivo de la tierra.

Hay un movimiento monumental aquí mismo, en mi vida, para regresar a las cosas simples. Durante años, seguí mi propia popularidad y mi propia idea de la persona que sería cuando dijera algo importante. Ahora me doy cuenta que esa no es la medida de lo que soy; la medida de lo que soy, es como viví en equilibrio con la tierra, dentro de mí misma, y dentro de mi comunidad. Lo que personalmente he vuelto, a experimentar es que yo vivo el presente. Yo vivo hoy en simple gozo. Es difícil de imaginar en todo lo que tuve que tropezar, para regresar al simple concepto que, cómo hago algo, es como lo hago todo. Por lo tanto, por hoy, tal vez sólo me levante y salga a quitar las malas hierbas de mi jardín - y eso es exactamente lo suficiente.

Por un tiempo muy, muy largo, me di cuenta de la necesidad de reunir a un grupo de profesionales holísticos, con el fin de conocer verdaderamente si nuestros médicos y abogados, son las personas centradas con quienes realmente queremos hacer negocio. Como resultado, hace seis años comencé a construir una red global, que continúa creciendo en la actualidad. Y al hacerlo, me di cuenta de que estábamos predicándole al coro. Me di cuenta de que en este tiempo y espacio todos hemos llegado a esta puerta juntos, y que no importa quién es usted o lo que está haciendo, usted está participando en el despertar. Después de dos mil años de vivir en la oscuridad, estamos despertando a lo que realmente somos. Lo que me parece particularmente curioso es que, quiénes realmente somos ahora, no es tan diferente de quiénes realmente éramos dos mil años atrás, cuando las cosas que importaban eran nuestras familias, nuestras comunidades y nuestro servicio a la tierra.

Por lo tanto, si usted encuentra este mensaje doscientos años o aún dos mil años a partir de ahora, y usted tiene alguna forma de traducir este mensaje en su vida, yo sólo quiero realmente plantearle una pregunta: ¿Qué está haciendo correctamente?

LA INTERACCIÓN HUMANA NATURAL Y LOS VALORES HUMANOS CENTRALES

Por Gordon Richiusa

Hay un grupo de monjes budistas que viven en la base del Monte Fuji, Japón, que sienten (como yo) que el acto natural de correr es la forma más fácil de alcanzar un estado meditativo para la gente que son físicamente capaces. Todos los días, los devotos en el monasterio corren o caminan aproximadamente la distancia de un maratón. Por la mañana, corren a la cima de la montaña. Luego, en la tarde, bajan por la colina hasta su templo.

He usado rutinariamente correr, caminar, senderismo y escalar, como métodos para transformar la atención de un estudiante de sí mismo, a los cinco principios.

A principio de 1980, yo estaba aprendiendo de un grupo conocido como Cuatro Direcciones, a cargo de un portador de pipa de Lakota Sioux, Ernie Longwalker. Por medio de ese grupo yo participé en la sagrada logia del sudor o ceremonia inipi y se me permitió asistir a un intercambio de ceremonias en la reservación Navajo en Arizona, donde fui testigo (entre otras cosas) de una Danza del Sol conducida por el famoso Leonard Crow Dog.

Antes de la Danza del Sol, hubo una carrera India de 10 kilómetros, por lo cual muchos de los jóvenes se estaban acondicionando para participar. Este evento en particular tenía añadida la atracción de la participación de las tribus de Taramara del sur de México. Esta tribu de nativos es conocida por su capacidad para correr lar- gas distancias, y habían enviado algunos jóvenes, y uno o dos de sus ancianos para mostrar apoyo al evento. Estábamos sentados, la noche antes de los 10 kilómetros, cuando me decidí tratar de entablar conversación con un anciano que parecía estar en sus 70s u 80s. "¿Puede usted aun correr largas distancias?" Pregunté.

Por medio de un intérprete, el anciano dio esta respuesta, "Estoy muy viejo y no corro como antes. Ahora, podría correr hoy, mañana y parte del día siguiente ... pero eso es todo."

Además de ser muy divertido en una forma típicamente aborigen, este comentario me sirvió para mostrar cómo, las diferentes culturas pueden ver las mismas actividades desde perspectivas muy diferentes.

A los viejos Taramara, correr era simplemente un estilo de vida. Cuando uno se hace viejo, sea cual sea la actividad, usted se pondrá más lento, pero usted sólo deja de hacer lo que le mantiene vivo, cuando este muerto. Correr, o cualquier otra actividad que usted sienta que es saludable, debe ser vista como beneficiosa (no ejercicio) toda nuestra vida, cambiando sólo cuando las condiciones lo requieren. Dentro de cualquier categoría o disciplina, jerarquías, y otras reglamentaciones de experiencia se desarrollarán. Por ejemplo, yo solía correr en las cuestas. Sentía que esta era la mejor forma de correr.

Correr en cuestas me permitió el acceso a una conciencia máxima de los Cinco Principios, ya que me obligó a un mayor conocimiento. En la cuesta, un camino que estaba, literalmente, en la cima de una cordillera de montañas o colinas, me permitió enfocar mi atención en el camino frente a mí, el horizonte y en la anomalía perceptiva en ambos lado del camino, debido a la caída que había en cada lado. Al igual que en la Arquería, yo podía "entrar en ese estado casi hipnótico" muy rápidamente, porque fui obligado a prestar mucha atención a los detalles, mientras que, al mismo tiempo, expandía mi conocimiento para ver el panorama completo.

Correr en las veredas, pistas, carreras de maratón, senderismo, caminar, caminata son todos los "niveles" de la capacidad natural (y el deseo) que todos los seres humanos parecen tener. Todo lo demás es otro ejemplo de nuestra tendencia a convertirlo todo en una fuente de socialización o de conflicto. En lugar de insistir en este punto, digamos que los "mejores" sis- temas, funcionando o no, parecen ser los que no requieren ningún equipo extra o circunstancia más allá de lo natural o de fácil acceso (teniendo en cuenta las variaciones en habilidades y limitaciones físicas, mentales o emocionales).

He llevado una gran cantidad de sombreros en mi vida, como profesor, investigador académico, escritor y motivador. Todos los sombreros tienen una relación con los otros sombreros. Todas mis actividades han sido modificadas por las circunstancias de la vida.

Ya no corro en cuestas, pero todavía viajo del punto A al punto B (por lo general en una superficie muy plana, y no muy rápido, aunque todavía lo llamo correr), con el mismo nivel de intensidad. Ahora, podría trotar un día a lo largo de la playa cuando la marea está baja y en otra oportunidad correr el mismo camino básico cuando la marea está alta. Ambas experiencias, aunque similares, son muy diferentes, hacen énfasis en el uso de diferentes músculos y ofrecen beneficios variados. Esta voluntad de modificar todas las lecciones y experiencias, para verlas desde todos los ángulos y apreciar las lecciones aprendidas ha sido mi salvación.

Durante el tiempo que yo estaba enseñando artes marciales con intensidad, yo creé una organización sin fines de lucro llamada: Recuperación de Redwood. Este grupo dio empleo a personas en recuperación, sobre todo las que estaban en drogas y alcohol. Los trabajos fueron todos centrados en la plantación de árboles secuoyas a lo largo de California. Estos fueron empleos remunerados, que era algo diferente a lo que otros habían estado tratando de lograr. En todas partes donde se plantaron árboles secuoya, de cualquier cantidad de género, pusimos un sendero para caminar, y placas que designaron el área como parte de nuestro Camino de la Recuperación.

Muchos de mis cinturones negros, u otros exámenes de otro nivel se llevaron a cabo en las áreas silvestres, para que pudiéramos probar al mismo tiempo, la resistencia del estudiante y sus otras habilidades relacionadas. Naturalmente, yo eventualmente interconecté mis intereses en la red, y comencé la publicidad de cuando y donde otros eventos se llevarían a cabo. Llamé al evento, ESTA NO ES UNA CARRERA. La metáfora de gran escala fue la siguiente: La vida no es una carrera. Todos nos reunimos a lo largo del mismo camino. Algunos están caminando éstos senderos para sanar viejas heridas, y otros por otras razones. Nosotros le dábamos certificados a los que "se presentaban" en la línea de partida. Usted no te- nía que ir a ningún otro lugar que a la línea de partida, para obtenerun certificado. No había ningún curso fijo, excepto los que cada grupo individual, por varias razones querían establecer.

Mi lesión me obligó a ver todo desde una perspectiva diferente. Cuando por primera vez me enteré de tai chi y una forma de masaje llamado chua ka, no me di cuenta de cuán importante es la perspectiva en la Aplicación del Conocimiento. Tengo que tomar un momento para agradecer a todos los talentosos terapeutas de masaje y acupunturitas que me ayudaron a superar mis lesiones y dolor crónico con el don del tacto.

Cuando usted vio por primera vez el título de esta sección, probablemente no pensó que yo iba a estar hablando de masaje. Sin embargo, ahora que lo estoy haciendo, puede ser que nuestro interés se despertó. Muchas personas aman recibir un masaje o sienten que tienen un don especial para darlos. De cualquier manera, el hecho de que desde ambos extremos del espectro, la idea de que el masaje podría ser considerado una forma de meditación, podría ser atractivo para usted. La razón de esto es que el masaje, como correr, el tai chí, la yoga, o la meditación sentada u oración, o simplemente sentarse y pensar son todas actividades que se derivan de nuestras tendencias naturales humanas.

El tai chi es una forma China de artes marciales, que hace hincapié en un estado meditativo, logrado a través de realizar ciertos movimientos, a menudo en un orden determinado. Al igual que con las posturas de yoga, no se necesita equipo especial o un compañero para practicar la forma.

Nota: En general, se considera inadecuado reconocerse a sí mismo como un "maestro" de tai chi, ya que esta es una forma muy personal de ejercicio y no hay estado de rango asociado con esta práctica.

Además, me gustaría señalar que este libro no apoya ni se opone a ningún movimiento religioso en particular. Sin embargo, si usted ha leído el libro Go-Tao-Chi, los cinco principios del chi, entonces usted sabe que mientras yo estoy en contra de la práctica religiosa, en general, apoyo totalmente CUALQUIER religión, práctica de la meditación o forma de arte que ayuda a un individuo a una mayor comprensión de su lugar positivo en el mundo. Además, los principios y técnicas que se expresan aquí pueden aplicarse a cualquier sistema de creencia espiritual y / o religiosa. En otras palabras, yo hago una distinción entre los conceptos "espirituales" y "religiosos." Yo no soy budista, cristiano, ateo, sionista, musulmán, o brujo, etc. Yo, sin embargo creo firmemente que el conocimiento de nuestro ser espiritual, no importa cómo se lleve a cabo, es esencial para la verdadera felicidad. Si eso significa que una persona adopta plenamente una perspectiva religiosa, entonces yo digo, ¡QUE GENIAL!

Vamos a simplemente estar de acuerdo aquí, en que el masaje puede ser el vehículo por el cual un estado elevado de conocimiento se puede lograr, que es natural y también utiliza nuestros deseos para el contacto humano como parte del beneficio. Para mí, un estado totalmente elevado de conocimiento es más fácil de lograr, sólo cuando uno es a la misma vez completamente centrado y completamente abierto, al mismo tiempo.

Las técnicas específicas para el logro de este estado, se enseñan en muchas clases de artes marciales. Para avanzar rápidamente más allá de un argumento sobre este tema, he introducido un entrenamiento técnico en mis clases. Lleno cinco bolsas similares de frijoles, con pesos y tamaños de objetos variados. Por ejemplo, en una tengo cerca de tres libras de acero mezclado con frijoles. En otra tengo un tipo de material de empaque (de tela o de piel sintética) o grandes bolas de madera (hasta de una pulgada de diámetro). En cada caso, el "sonido" y la "apariencia" de las bolsas de frijoles son bastante similares. El objetivo del "juego" consiste en lanzar y agarrar las bolsas, con ambas manos. Juegas con al menos un compañero (yo he tenido hasta veinte personas y veinte bolsas en un grupo) de esta manera las bolsas son lanzadas con rapidez dentro y fuera de sus manos. Usted debe aprender a lanzarlas con precisión con cada mano, y agarrarlas con ambas manos también. Aquí está el truco: Usted tiene que lanzar y agarrar cada bolsa de manera diferente. Después de convencer a una persona que esto es posible - porque ellos aprenden a funcionar bien, dentro de los parámetros de este acto de malabarismo que tal vez, sólo unos pocos segundos antes no estaban convencidos que era físicamente posible – Yo siempre hago esta pregunta: Ya que están agarrando cada bolsa de diferente manera, "¿cuándo es que hace la determinación de, CÓMO va a realizar esta tarea y aún mantener los lanzamientos exactos?" Esta pregunta hace que el participante entienda, el concepto de "ampliar y enfocar nuestra consciencia, al mismo tiempo."

Cuando un estado elevado se alcanza durante un masaje, a menudo el paciente expresa que está sucediendo algo indefinible. Lo he oído decir acerca de algunos terapeutas: "Yo sólo lo / la quiero. Me gustaría poder llevármelos conmigo a casa. Nunca me había sentido tan bien."

Como masajista o terapeuta físico, usted sabe que hay momentos en los que, "realmente se siente como que ha conectado" con su cliente. Yo creo que el ser un buen terapeuta de masaje es un llamado, que brota de la más simple comprensión humana. Cuando algo nos duele, lo frotamos. Cuando lo frotamos, el dolor se alivia. Tanto la persona que hace el frotamiento y la persona que lo recibe, sienten una conexión con la fuente fundamental de la bondad y el poder que está en el centro del Universo. En otras palabras, si se hace en el espíritu apropiado, masaje, terapia o cualquier interacción saludable, de hecho puede ser una forma de meditación, al igual que cualquier "baile" o movimiento puede ser mejorado por el esfuerzo coordinado.

Sistemas del Cuerpo / La Trinidad de Chi

Todas las formas de la medicina, tanto oriental como occidental, tratan con el cuerpo como una unidad de varios sistemas. Por ejemplo tenemos los sistemas esquelético, muscular, vascular, nervioso y digestivo. La diferencia (si queremos llamarle así) es que la manera oriental de ver las cosas, asume un sistema de superposición, que refleja y reacciona a todos los demás sistemas. Este es el sistema de Chi, o energía / espíritu desde donde fluyen todos los otros sistemas. La medicina oriental depende en la filosofía oriental en este sentido, pero estas "múltiples capas de realidad" a menudo son aceptadas como un hecho, incluso por la mayoría de las creencias científicas y espirituales más complicadas.

Hoy en día, oímos hablar de la unidad de la Mente, Cuerpo y Espíritu, como si estos tres aspectos de nosotros mismos son de alguna manera separados o que el concepto es nuevo o el dominio exclusivo de un sistema de creencias en particular. La verdad es que si se quita cualquiera de estas líneas del triángulo, entonces el triángulo ya no existe. Muchas culturas y creencias se basan en el entendimiento de esta trinidad (desde el budismo Zen hasta el cristianismo).

En la educación, es bien sabido que la gente aprende (y enseña) mejor por medio de una o más "modalidades." Estos incluyen, Visual, Auditiva y Táctil. En otras palabras, algunas personas les gusta que les muestren las cosas, a otros les gusta escuchar explicaciones, mientras que a otros les favorece ambas cosas.

En el masaje, se sabe que la adición de música suave y ciertas fragancias, mejorará la experiencia para algunas personas. En efecto, cualquier terapeuta de masaje profesional, ha experimentado clientes que en realidad pueden ponerse tensos con el toque de la mano. La música o una palabra tranquilizadora del terapeuta es necesaria para romper la barrera de resistencia que las personas pueden haber construido alrededor de ellos mismos. Los profesores aprenden a enseñar la misma lección en varias formas, mientras que los terapeutas de masaje deben responder a las necesidades de los clientes, a través de las mismas modalidades.

Al mismo tiempo, existen numerosos métodos, técnicas y escuelas con ideas para la mejor manera de hacer contacto con el cliente. Por lo general, hay al menos una aceptación básica de los distintos niveles de conocimiento, en la que nuestras acciones son afectadas mutuamente. He oído decir, por ejemplo que el terapeuta debe "sentir amor" para el paciente. Hay algunas formas aceptadas de la meditación, que en efecto requieren la interacción entre dos personas (el Kata Sutra es un famoso ejemplo).

En otra sección de este libro vamos a aprender los fundamentos básicos de chua ka, una forma de masaje de un guerrero de Mongolia, que se concentra en el sistema esquelético y que era normalmente hecho en parejas o en grupos antes de una batalla.

Existen otras técnicas de masaje que tratan principalmente con los músculos o las glándulas o las chakras o puntos de presión o meridianos. Independientemente del punto de orientación, o las técnicas que se utilizan, el masaje puede ser una experiencia de meditación para uno o ambos, el paciente y la persona que da el masaje. Y, para lograr resultados óptimos, la mente, cuerpo y espíritu deben estar en perfecta armonía.

Manipulando el Chi

Basado en un acuerdo sobre los conceptos básicos expresados en los dos primeros capítulos, llegamos al punto en este texto, donde se define qué es lo que todas las formas del arte de la curación tienen en común. Ya sea el tai chi, la yoga, la acupuntura, la acupresión, la quiropráctica o la terapia de masaje, la medicina occidental u oriental, cada "arte" o "ciencia" generalmente intenta manipular uno o más de los sistemas y por lo tanto, de acuerdo con nuestras definiciones, intenta manipular el chi. Las diferencias es- tán en la orientación y el punto de partida.

Una vez más nos vemos obligados a utilizar términos comunes para hacer nuestros puntos. En este caso, las perspectivas básicas se conocen como "interna" o "suave" y su opuesto "externo" o "duro." En todos los casos, si un médico está disparando flechas, utilizando una espada, lanzando golpes, patadas, bolas o bumeranes, dirigiendo un negocio, surfeando sobre una ola o simplemente viéndola, sentados en diferentes poses bajo un árbol de higuera de bengala, escribiendo un párrafo, relato o poema, resolviendo una ecuación o dando (o recibiendo) un masaje, simplemente están encontrando maneras de ser conscientes de la Energía Universal (el Espíritu), utilizando una coordinación de su técnica (la Mente) y su ser físico (el Cuerpo).

Recuerde también, que estos términos (como todos los demás en este libro) son sólo formas para que podamos discutir los conceptos. El único valor verdadero de cualquier concepto está en la experiencia de este. Por lo tanto, la única manera de beneficiarse de lo que se escribe aquí es que usted lo experimente.

Para nuestros propósitos, vamos a decir que el Yoga y el tai chi son ejemplos de una manipulación "interna" del chi, mientras que el masaje, la quiropráctica y la acupuntura son ejemplos de una manipulación "externa."

Esto simplemente significa que ninguna fuerza externa (otra persona, químico o dispositivo tales como las agujas) son necesarias para lograr una mayor conciencia.

El masaje, por otro lado parece ser para aquellos que son táctilmente orientados. En otras palabras, para que verdaderamente "se obtenga el mensaje completo," una persona físicamente táctil tiene que "tocar" la lesión.

Para la persona táctil hemos desarrollado muchas y bien conocidas formas de meditación, tales como la arquería, karate y kung fu, yoga, tai chi y otros grupos espirituales o religiosos que han creado rituales, que le permite al practicante "actuar" en sus creencias.

En el hinduismo y el yoga, las tres "formas de adorar" son conocidas como midra, mudra y mandela. Estas corresponden a las tres maneras en que aprendemos. Midra es cualquier cosa que implica sonido, incluyendo el canto en tono monótono, el cantar, sonando la campana, y hablando. Mudra, es cualquier cosa, que implica el cuerpo, generalmente las mismas manos. Por lo tanto, cuando vea fotos del Buda con los dedos tocando ligeramente o en películas donde los ninja se entrelazan sus manos para hacerse invisibles (kuji kiri), entonces ellos están involucrados con el mudra. Mándala es la coordinación con la Ley Universal, representado a través de imágenes o figuras. En esta categoría se abarca desde la capilla Sixtina, a las pinturas de arena de los navajos.

Como se puede ver, todas las perspectivas espirituales y religiosas tienen maneras que tratan de aumentar su conocimiento y armonía con las Leyes Universales. En todos los casos, hemos elegido formas que mejor se adapten a nuestras necesidades en términos de cómo nosotros aprendemos y entendemos.

Desafortunadamente, en lugar de reconocer nuestras diferencias en la búsqueda de los mismos ideales, hemos llegado a ser de mente estrecha, basando nuestras "formas de conocimiento" en un ritual específico, acto o técnica.

En las artes marciales, como ejemplo, tenemos las personas que profesan que su "estilo" es mejor que cualquier otro. En el antiguo Japón había diferentes escuelas de esgrima. Una de las escuelas recomendó una espada mediana, otra recomendaba una muy larga y otra sugirió que dos espadas debían ser utilizadas. De la última, escuela niton ichi ryu o "dos espadas como una," su creador Myamoto Musashi tuvo uno de sus duelos más famosos utilizando un remo de barco mojado y terminó el trabajo con las manos y los pies. Su recomendación, que vive como uno de sus principios básicos de la vida fue: "Saber cuándo soltar la espada."

Por último, siguiendo el consejo de Musashi nosotros no defendemos el masaje Sueco sobre Reiki o sobre cualquiera otro (incluyendo el estilo que vamos a discutir a continuación). Lo que defendemos es estar abiertos a descubrir nuevas y mejores formas de utilizar su "arte" y su "habilidad" (en cualquier forma) para convertirse en lo mejor que pueda ser.

Acostumbro a decir, que yo creo que el Universo es parte de un triángulo a gran escala que podría ser descrito como: El Conocido, lo Desconocido y lo Incognoscible.

Nuestro mundo físico, es científicamente probable, que se rige por los mismos principios que lo incognoscible, pero eso es todo lo que seremos capaces de saber, desde nuestro pequeño e insignificante planeta.

En lugar de ponernos locos viviendo en lo que nunca podemos percibir, podemos admirar y perfeccionar la interacción con los muchos milagros que se pueden experimentar cada día.

Por el bien de este capítulo, podemos especular que cualquier forma de masaje, que se esfuerza por equilibrar la fluidez del chi (en cualquier nivel) está en armonía con los principios básicos de una práctica de la meditación.

Diversas Acciones - El Mismo Enfoque - Chua Ka y Lomi Lomi

Siempre me he referido al Chua Ka como la "escopeta" del acu-presión, porque los conceptos básicos de cada uno son esencialmente el mismo. Chua Ka se concentra en ciertos puntos del cuer- po para aliviar y prevenir el dolor, mientras que el acu-presión hace lo mismo. En el acu-presión (y en una base de acupuntura más precisa) el conocimiento de cómo el chi sigue ciertos meridianos en todo el cuerpo (y cómo un punto remoto puede afectar a otro) es el resultado de siglos de estudio e investigación. Todos los sistemas se toman en consideración, mientras que se relacionan con la fluidez del chi.

Chua Ka, aunque extremadamente efectivo, es inquebrantable en su enfoque. Era realizado por los guerreros de Mongolia antes de ir a pelear, para no sentir dolor en caso que fueran heridos en la batalla. También puede ayudar a elevar el dolor, una vez que ocurre la lesión.

Para los guerreros era importante poder seguir "peleando a pesar del dolor," chua ka también permite que una persona continúe usando los músculos, mientras que al mismo tiempo se adormecen. Esta capacidad aparentemente sobrenatural del guerrero de Mongolia, de ignorar una lesión y continuar peleando, era una de las razones principales que la Gran Muralla China fue construida.

El "sistema" que se concentra en el chua ka, es el esqueleto y las articulaciones principales. Esto incluye la columna y varios puntos en el cráneo.

Cualquier persona que tenga algún conocimiento del cuerpo o un entendimiento del chi, meridianos y sistemas del cuerpo, sabe que todo está interrelacionado. Por ejemplo, las costillas son cubiertas con músculos y piel, sin embargo, albergan los órganos internos y una compleja red de nervios, glándulas y otros huesos.

Cuando un masaje de chua ka se concentra en los huesos de los brazos, las muñecas, los codos, los hombros, los músculos y especialmente el sistema nervioso (en las articulaciones principales) también son masajeados. He hablado con algunos de los practicantes que realmente creen que este contacto con el sistema nervioso, es lo que le da al chua ka su fuerza. Estoy de acuerdo en que eso es una situación hipotética. Los huesos (aun los más gruesos) son realmente algo esponjosos en su naturaleza. Ellos sólo se ponen "duros" cuando son removidos de un cuerpo vivo. En otras palabras, cuando un hueso está *vivo, sede*. Cuanto más vivo está, más flexible y fuerte es. ¿Cuántas personas mayores han oído decir a sus médicos, que sus huesos se han vuelto frágiles con la edad?

Así que, cuando un movimiento de barrido se realiza a lo largo del brazo, aún cuando el masaje no está en el codo o en la muñeca, el sistema nervioso es suavemente masajeado. De hecho, tendría que decir que frotar el sistema nervioso "a través de los huesos" es probablemente la mejor y única manera segura, para hacer contacto con este. Cualquiera que haya tenido alguna vez un disco dislocado o un nervio "pinchado," sabe que un nervio lastimado puede causar un severo e intenso dolor duradero.

Al otro lado de la moneda, desde la perspectiva de chua ka, el esqueleto, tendones y ligamentos sirven para proteger el sistema nervioso, permitiendo una estimulación silenciosa. El efecto es que una persona generalmente siente "entumecimiento" o "un cosquilleo" con un masaje menor de chua ka, y entumecimiento en todo el cuerpo con un tratamiento prolongado. La "técnica" es un movimiento barrido o un fuerte cepillado con las manos, que contacta las articulaciones, los músculos, y puntos de presión y luego barre por los huesos para "conectar los puntos." He ahí, la imagen del efecto de la "escopeta" de que hablé anteriormente.

Los guerreros de Mongolia se masajeaban unos a los otros por horas, y aún varios días antes de una batalla. Usted puede imaginarse que ellos no sentirían dolor durante un período prolongado después de tal masaje. Sólo la experiencia del tacto en sí, tiene una tendencia a liberar toda una serie de reacciones químicas (tanto en el cerebro como en los músculos mismos, en forma de endomorfina) que proporcionan al individuo una sensación de euforia. Otra vez, esto incluye, tanto la persona que está siendo masajeada y la persona que realiza el masaje.

Verdaderamente cualquier persona puede aprender chua ka, y es especialmente fácil para un terapeuta de masaje entrenado aprender lo básico e incorporarlo en sus propios programas de tratamiento. Naturalmente, una talla no sirve para todos. Chua Ka es una gran adición al vasto cuerpo de conocimiento del tratamiento físico, pero no creo que se deba considerar como sustituto para cualquier otra forma de masaje.

La belleza de chua ka es que muy poca instrucción se necesita para perfeccionar la habilidad, porque se basa en nuestra inclinación natural a "tocar para sanar." Siempre y cuando una persona tiene la sensibilidad de seguir los huesos con sus dedos y conoce supropio cuerpo, lo suficientemente bien como para averiguar dónde están las articulaciones y los "puntos sensibles," entonces puede hacer chua ka. De hecho, chua ka (como acupresión) puede ser realizada la mayoría de las veces en uno mismo. Las únicas limitaciones serían las áreas "difíciles de alcanzar" tales como, el medio de la espalda.

Lomi Lomi es la forma de masaje hawaiano que también me gusta enseñar, como un ejemplo del "suave" espectro final. Aquí, el masajista comienza con el concepto de ser "parte del proceso" y no sólo un medio para el placer de otro. La técnica de lomi lomi trata de imitar los movimientos naturales que son aparentes en la vida de un habitante de la isla. Las manos se mueven independientemente una de la otra y los antebrazos, la voz (canto litúrgico o cantando) y la intención de ambos participantes se integran con los movimientos. Un buen masaje lomi lomi es un ejemplo perfecto de la integración de los cinco principios entre dos (o más) personas.

Yo no le puedo enseñar chua ka o lomi lomi en un libro corto o artículo como éste y no trataré de hacerlo. Encuentre un maestro con conocimiento de estas artes y aplíquese, ya sea como estudiante o como participante. En ambos casos, su ganancia será igual a su inversión. Esto es cierto en cualquier tema o disciplina.

NOTAS FINALES
LOS PRINCIPIOS EN COMÚN

Proverbio Zen: "El Universo Respira Fuerte y Suave."

En un sentido, esta cita empieza este libro y la va a terminar. Yo he sido un practicante y estudiante de artes marciales por los últimos cincuenta años. Esto NO me hace, de ninguna manera, un MAESTRO (ya que no creo que tal estado exista).

Sin embargo, creo que mi experiencia y dedicación al estudio de todas las formas de las artes marciales, los métodos de la comunicación, la educación y la psicología de ser humano me han permitido una ventaja única para hacer algunas observaciones acerca de las similitudes y diferencias en los estilos que he estudiado.

Yo llamo mi método de enseñanza, Concepto de Entrenamiento, ya que yo creo que los conceptos son mucho más importantes en un programa bien fundado, que en una técnica en particular, arte o parte del equipo. Éstos son algunos de los conceptos con los que yo trabajo: **1)** La disciplina aprendida en el entrenamiento de artes marciales ofrece una gran ventaja para el éxito de una Condición Física Total. **2)** El cerebro es la mejor arma. **3)** La fe y la confianza en nuestros sentimientos son nuestra mejor forma de prevención de tener para defendernos. **4)** Evitar el conflicto es muy superior a cualquier técnica de defensa.

Yo uso la forma de karate Okinawa llamada Goju Ryu, como la base para el entrenamiento de la mano vacía, que es el corazón de la enseñanza en general. He elegido este "estilo" como un funda- mento, porque yo lo conozco mejor, y porque el nombre significa "La Forma Fuerte - Suave." Sin embargo, yo suplemento lo que enseño, con cualquier forma de movimiento saludable que a un estudiante le gustaría ser participe. Esta es la base de Ninjitsu (una ciencia marcial que yo enseñé para Frank Dux).

Yo creo en el dicho: "La mejor forma de ejercicio es el que un individuo va a hacer regularmente." Yo he creado mi propio estilo, el Sistema de las Cinco Aves, basadas en estas creencias.

Yo digo que Go-Tao-Chi o la METODOLOGÍA DE LOS CINCO PRINCIPIOS es basado en el concepto, ya que destila diversas formas, ideas o disciplinas (independientemente de la cultura de origen) con el objetivo de simplificar la estrategia de la vida personal o un régimen de ejercicio, concentrándose en el conocimiento de la relación entre los Movimientos y Posturas Estacionarias. Al igual que con la acupuntura, acu-presión o una serie de rituales o comportamientos espirituales, estas acciones se llevan a cabo en una manera específica, para lograr beneficios específicos y no específicos (no sabemos CÓMO funcionan, sólo sabemos que nos sentimos mejor). De hecho, como la acupuntura o el masaje es una aplicación EXTERNA de estos principios en la estructura del cuerpo, Go-Tao-Chi se esfuerza por ser una aplicación INTERNA de ellos.

Podríamos decir, en el lenguaje de las artes marciales que Go-Tao-Chi se concentra principalmente en la relación entre la Mente, el Cuerpo y el Espíritu, o Conocimiento, Acción y lo Desconocido. En muchas líneas formales de pensamiento una "trinidad" de estas tres perspectivas finales, está en el centro de la filosofía. En estos mismos dominios, el número 5 es también altamente significativo.

"Al final, la diferencia entre Suave y Fuerte, es la diferencia entre estar en el lugar correcto, en el momento preciso y la decisión de actuar de la manera apropiada, una vez que llegue allí."- -GFR

Verdaderamente, yo no entendí el significado de mis propias palabras hasta que uno de mis estudiantes (convertido en un adulto, desde la vez que tuve la siguiente experiencia con él) señaló cómo esta frase tenía relación, con una experiencia que habíamos tenido. En lugar de quedarse en el aula, yo decidí llevar alrededor de media docena de niños "en una aventura." Como ninguno de mis estudiantes había visto el Barrio Chino, determinamos ir allá. Cuando llegamos, vimos humo que salía debajo de una puerta por el paseo empedrado. "¿A dónde vamos ahora?" me preguntó uno de los niños, justamente cuando vi el humo. "Vamos a ir allá abajo," le dije, señalando a lo que se estaba convirtiendo en una área de interés especial para los habitantes locales. Caminamos a través de una puerta abierta, pasando varias personas que estaban murmurando entre sí en chino. Entramos, yo iba al frente, los niños siguiéndome como lo hacen los patitos a la mamá pata y vimos un sartén chino gigante (o cazuela enorme) en el centro de una habitación y las llamas lamían el cielorraso. Muchos hombres y mujeres estaban parados alrededor, obviamente agitados y preocupados al ver como un hombre vino de una habitación del fondo con un vaso de agua y lo arrojó sobre el sartén. Esto, como muchos de nosotros sabemos no es una buena idea en un fuego de la cocina, y las llamas parecían ser alimentadas aún más. Mientras que el portador del agua se dirigió hacia la habitación de atrás yo grité: "¿Alguien sabe hablar inglés?" Un hombre se acercó y respondió rápidamente, "yo hablo inglés." Respondiendo le dije: "Pregunte si hay un extinguidor de fuego." Le señalé a la persona que estaba volviendo con otro vaso de agua.

El que traducía habló en chino al hombre con la taza de agua. Corrió a la habitación de atrás otra vez y regresó un poco después con un extinguidor de fuego y me lo dio a mí. Rápidamente se lo entregué al hombre que habló inglés. Él miró al escrito en inglés a un lado del extinguidor en una forma confusa. Ajusté el extinguidor de modo que la boquilla estuviera frente a las llamas, mientras continuaban haciendo estragos en el sartén. "¡Ahora, tire del perno y después apriete el gatillo!" le dije, mientras hacia la pantomima de lo que yo quería que él hiciera. Él siguió mi consejo y rápidamente roció las llamas.

Una gran multitud se había congregado en la puerta y todos vieron como los niños y yo salimos y regresamos al auto. "Recuerden este día," les dije. "Este es el día que ustedes salvaron el Barrio Chino de quemarse completamente."

Fue años más tarde que uno de los jóvenes señaló que, "Estábamos en el lugar correcto, en el momento adecuado y supimos que hacer, cuando llegamos allí."

En los ámbitos de entrenamiento de artes marciales, o masaje, o las habilidades de la vida, de negocios, o aplicando conocimiento en cualquier capacidad de Enfoque de los Cinco Principios, NO debe considerarse una disciplina en sí. Se debe considerar como una especie de Plano para el comportamiento general, en lugar de la casa terminada. También podríamos decir que un ser humano es como un barco de vela en una gran masa de agua, moviéndose con el viento.

El barco no es el viento, ni es el agua. Sin embargo, para lograr su beneficio máximo, el barco debe utilizar el viento y el agua para su mejor ventaja. El barco, en un sentido, debe ser totalmente consciente de sí mismo. El viento y el agua tienen muchas similitudes, y cuando el barco interactúa con cualquiera de estos, podríamos decir que es como el viento, o un esclavo del agua. Pero, ninguna de estas afirmaciones es verdadera.

Cuanto más el marinero del barco conoce el viento o el agua, o incluso el propio barco, le ayudará a él o a ella, a guiar el barco hasta el destino final, donde quiera que este sea. A veces, el agua es suave, o áspera, o tiene fuertes corrientes, y el peso dentro de la embarcación debe ser desplazado, o el timón (mecanismo de dirección) debe ser girado ligeramente para compensar. El marinero y el barco, se benefician del conocimiento, la observación del agua y la intuición. Si el agua está tibia o llana, el barco navegará de cierta manera. Si el agua se congela o es profunda, existen otras condiciones que deben ser consideradas.

Con el viento, lo que no se ve, es lo mismo. El enfoque y el control del barco hacia su destino, sólo espera un viento favorable, luego recorta la vela adecuadamente al viento que está disponible. Centrándose en los Cinco Principios de Todo, hace que el poder esté disponible, la relación y el resultado de la interacción del barco, el viento y el agua, sin detenerse en ninguno de ellos.

Si desea puede ponerse en contacto conmigo a través de mi blog, www.5birdsmartialarts.blogspot.com, o si prefiere, a través de mi conexión GRATIS de libros electrónicos en la red de comunicación, http://www.vision-revision.pbwiki.com, donde algunos de mis otros escritos están disponibles. Estoy agradecido por la oportunidad de compartir SUS puntos de vista en el contenido de este libro. Las palabras aquí NO están gravadas en piedra y supongo que seguirán siendo modificadas, mucho después de que yo me haya ido. Sin embargo, el concepto de "estar agradecido" parece ser uno de los atributos admirables que proceden de seguir un enfoque de los cinco principios para la vida. Como he dicho a menudo, yo no sería nada si no fuera por mis maestros, y yo hice una promesa a uno de ellos, muchos años atrás, que yo no disminuiría la importancia de este concepto. Por lo tanto terminaré este libro con algunas palabras en el espíritu de ese maestro.

La oración de agradecimiento es una que aprendemos específicamente de los nativos americanos. El verdadero día de fiesta nativo americano que todos celebramos es el de Acción de Gracias. Así que voy a terminar esta nueva edición de Los Cinco Principios de Todo en la manera que yo aprendí de algunos de mis maestros.

Gracias, Abuelo Espíritu.

Mis oraciones de agradecimiento van en las cuatro direcciones, para las cuatro familias del hombre...para todas las generaciones...para las enredaderas y los rastreadores, para las plantas y árboles, para los de cuatro patas, para los que tienen alas, los nadadores, los vistos y no vistos y a toda la creación, incluyendo la Tierra.

Gracias por todas las lecciones y regalos, los obstáculos y las adversidades que han llegado a mi camino de la vida.

Doy gracias por mi familia, amigos, conocidos, nuestros líderes y seguidores, incluso a mis enemigos, todos aquellos que han sido mis maestros, o se han unido conmigo a lo largo de mi camino.

Le doy las gracias por haberme permitido caminar por el sendero de un ser humano, que voy a caminar hasta el final, donde quiera que me lleve. Voy a gatear, caminar o correr, con la cabeza muy en alto y mi corazón alegre del conocimiento de las cinco aves, los cinco principios y los miles de dones que se me han concedido como un ser humano.

Todas mis relaciones. Os. Om. Amén. Aloha.

DECLARACIÓN FINAL

Por el Gran Maestro Alfred Urquidez

Se me pidió dirigir la traducción al español de este texto, que es un honor para mí, aunque yo no soy hispano o mexicano, como muchos creen. Mi familia es Apache y Pie Negro. Mi nombre nativo es Tejón. Yo soy el Consejero Ejecutivo a los Embajadores Maestros de las Artes Marciales del Salón de la Fama, y soy miembro de un total de ocho Salones de la Fama. Sin embargo, se me conoce más por mis acciones que por mis palabras. Por lo tanto, voy a intentar ser breve.

Lo que me gustaría añadir de mi corazón, es lo siguiente: Yo, Alfred Urquidez he conocido a Shihan Gordon Richiusa por varios años, pero siento como que fuera más de un siglo. Los dos tenemos la misma forma de pensar en la enseñanza, y el mismo respeto por los conceptos de las artes marciales, como principios de guía para el mundo. Mi senda es ser un mentor y enseñar a otros a ser positivos en cualquier situación que se les presente. Yo enseño a ser un erudito, antes de ser un guerrero. Así es como todos los demás miembros de mi familia enseñan a sus estudiantes. Cómo usted piensa determina lo que se crea en la vida. Eso es Conocimiento Aplicado. Tengo amor y pasión por mi arte, Kenpo-Shotokan, un arte suave y fuerte, combinado de dos estilos diferentes. Esa es la Armonía del Movimiento y la Acción. Mi familia es la única en el mundo certificada para enseñar ese arte. Este estilo nació en 1965, dado a conocer por mi hermano mayor, el Gran Maestro Arnold Urquidez y llevado a la prominencia por mi hermano más famoso, Benny "The Jet" Urquidez. Juntos tuvieron que pedir permiso de las otras dos artes para poder crear el estilo. Esa es nuestra Forma. Yo enseño la forma de Escuela Antigua, donde el respeto mutuo entre el estudiante y el maestro es necesario para el éxito. Mis estudiantes se convierten en parte de mi familia. Sabemos lo que significa *Osh*. Es el Estilo de Vida.

En cuanto a mi hermano que quiero y respeto mucho, Shihan Gordon Richiusa, yo digo, "¡Osh, mi hermano!" Eso es Beneficio.

www.ingramcontent.com/pod-product-compliance
Lightning Source LLC
Chambersburg PA
CBHW070059120726
47909CB00002B/444

* 9 7 8 0 9 8 5 3 2 7 6 1 3 *